Je vis comme bon me semble

Ecrit et édité par Omar El Bachiri

Titre original : Vivo como Quiero

Traduction: Marie-Claire Vincent

Première édition : août 2017

ISBN: 978-99920-3-145-2
Dépôt légal: AND.403-2017

Omar El Bachiri est né le 5 Janvier 1977 au Maroc, dans un petit village de la région de Nador. A l'âge de 2 ans, il émigra avec sa famille dans la Principauté d'Andorre. Il est psychologue et a fait ses études à l'Université Nationale D'éducation à Distance. UNED.

Ecrivain et éditeur du best-seller **"Bonheur et Pognon"** vendu dans de divers pays : Etats Unis, Royaume Unis, Espagne, Andorre, et en France. Ce livre a était traduit a plusieurs langues : anglais et catalan. Il nous surprend aujourd'hui avec son nouveau livre.

Ses passions son le sport, voyager, et danser. Tu peux le rencontrer dans n'importe quelle partie du monde, toujours souriant et accompagné de son épouse.

Sa phrase préférée est : " J'assume ce que je dis et je pense, et non ce que tu interprètes"

Sa devise : "La joie est une pure logique. Si tu te plains lorsque tu n'es pas bien, alors souris quand tu te sens bien. "

Aussi, une phrase qui n'est sienne, sinon celle de son ami d'enfance, **Ismael González:**

"L'humilité est un grade qui s'obtient avec l'honnêteté. "

Ce livre est un manuel pour te guider chaque fois que tu te désorientes et perds le sens de ta vie. En le lisant, tu te recentreras et poursuivras ton chemin. Tous les chemins sont bons. Celui que tu prends aujourd'hui, ne sera peut-être pas celui qui te conviendra demain. En apprenant, nous évoluons, et nos goûts et préférences changent. Cela n'empire, ni s'améliore. Toi seul décides la perspective à prendre.

Ton bonheur ne dépend que de toi.

Ce que tu fais, tu le fais pour toi. En réalité, quand tu aides une personne, c'est pour ta propre satisfaction. Tu te sens comblé en le faisant, alors ne délègue pas ton bonheur aux autres. Pense d'abord à toi, et encore à toi, et ensuite aux autres.

Quand tout va bien, tous t'apprécient et te côtoient ; en revanche, quand tout va mal, peu demeurent à tes côtés. Donc, c'est prouvé que ton bonheur et ton bien-être passent avant ceux des autres. La société nous conditionne à ce que nous pensions que cela est de l'égoïsme, et il s'agit d'un fait réel. C'est ce que nous appelons de la cohérence. L'égoïste est celui qui ne pense qu'à lui et ne partage rien, ayant même ses nécessités couvertes. Ce livre t'aide à couvrir tes nécessités, et une fois couvertes, à partager le reste.

Vis comme bon te semble !

Remerciements: J'aimerais remercier mes amis et connaissances, qui de façon directe ou indirecte, ont contribués à la réalisation du livre, et particulièrement certains d'entre eux, sans qui, il m'aurait été difficile à réaliser.

L'ordre de mention des noms n'est ni aliénable, ni significatif.

Fanny, Tano, Bego, Oliver, Sinfreu, Naudí, Solsona, Aleix, mes beaux-parents (Felipe et Luisa), les filles du bar Cataluña, la bibliothèque d'Encamp, et mes parents.

Mon épouse **Fanny**, qui avec patience et son amour inconditionnel, a participée à tous les sujets traités

Tano, qui m'a accompagné à plusieurs voyages, pour son temps dédié aux idées traitées, et me transmettre sa perspective personnelle.

Bego, avec qui je déjeune chaque fois que j'en ai l'occasion, pour la correction du livre et la grammaire.

Oliver, qui m'a donné l'idée d'écrire sur les apparences. Nous nous voyons au gymnase où nous en parlons souvent. Pourquoi certaines personnes veulent paraître ce qu'elles ne sont pas ?

Sinfreu, Naudí et Solsona. Ces trois amis sont la base de mes théories sur les investissements. Nous passons des heures à discuter sur quoi investir pour que notre argent ait le meilleur rendement possible.

Aleix, un ami pour qui j'ai travaillé dans son entreprise de construction. Au bar de sa mère, "Bar Lugo", nous prenons un café,

6

et discutons sur le bonheur et les investissements. Comme nous sommes de grands amateurs de café, nous aimons nous asseoir après notre journée de travail pour parler de politique et d'économie.

Mes beaux-parents **(Felipe et Luisa)**, qui m'ont accompagné de façon altruiste à toutes les présentations du livre *"Bonheur et Pognon"*, et à mes conférences.

Les filles du bar Cataluña, pour leur sympathie et agréable manière qu'elles ont en me servant le café. Nous discutons sur des sujets relatifs à l'économie.

La Bibliothèque publique d'Encamp, pour m'avoir permis de faire la présentation du livre et des exposés sur les sujets traités, et pour m'avoir donné l'opportunité de me faire connaître à échelle nationale. Grâce à elle, j'apparais dans tous les médias du pays.

Mes parents, pour l'éducation qu'ils m'ont inculquée. Depuis petit, ils m'ont appris que tout dépend de ma manière de voir et comprendre les situations.

Prologue

Le livre se divise en deux parties.

- **Je mène la vie que je souhaite.**

- **Je mène la vie que je souhaiterais.** *"Les Apparences"*

D'où viennent tes peurs et tes doutes ? Pourquoi achètes-tu ou vends un quelconque produit ? Es-tu du genre à partir en courant lorsque tu entends le mot investir ?

En parcourant ce livre, tu prendras conscience à quel point ton attitude est influencée par ton entourage, par ton passé, ton présent et ton futur. Tu en connaîtras la raison.

Après avoir lu le livre, médite en relisant ces phrases.

Toutes les histoires relatées dans ce livre sont basées sur des faits réels. Ce sont des personnes que j'ai connues en voyageant à travers le monde.

Pour préserver leur anonymat, j'ai changé leurs prénoms, leurs métiers et leurs lieux de résidence, ainsi qu'au protagoniste, même en employant pour lui la première personne. Ne t'en méprends pas ! Il pourrait s'agir d'un homme comme d'une femme. A aucun moment je ne mentionne leurs noms.

Ce pourrait être ton histoire !

J'espère que ce livre t'incitera à vivre comme tu le désires, ou du moins, profiter et te distraire de sa lecture.

Première partie

(Je mène la vie que je souhaite)

Cela fait référence à ta vie, avec un travail qui te comble, mais avec lequel tu ne gagnes pas suffisamment d'argent pour mener la vie que tu souhaites. Je t'invite à suivre les étapes reflétées dans ce livre, avec lesquelles tu apprendras à gagner davantage. Si tu es chanceux d'avoir un travail qui te plait et bien rémunéré pour mener une vie agréable, mais qu'elle n'est pas celle que tu aimerais, ce livre est fait pour toi.

Tu comprendras pourquoi tu ne réagis pas !

Si l'on t'empêche de vivre comme tu le souhaites, tu t'assimileras aux personnes mentionnées dans la deuxième partie du livre ; feindre la vie que tu souhaites avec les conséquences émotionnelles et le mal-être que cela comporte.

C'est l'histoire de deux collègues de travail. L'un vit selon ses croyances, valeurs et plaisirs de la vie. Il aime la vie qu'il mène : voyager et sortir avec ses amis de temps en temps. Depuis petit, ses parents l'ont éduqué à devenir une personne proactive. Ils lui ont inculqués des valeurs basiques et efficaces afin qu'il décide par lui-même comment dérouler ses journées:

- Nous venons au monde pour profiter et sourire à la vie.
- Ne pas craindre la mort ; celle-ci fait partie de la vie.
- Dire Non est une option aussi valable que dire Oui.
- L'argent sert à nous procurer du temps, et non de la dépendance.
- Respecter autrui comme nous aimerions l'être en retour.

L'autre, en revanche, est constamment limité pour faire ce qu'il veut ; à peine arrive-t-il à joindre les deux bouts: payer le loyer et les frais mensuels. Il ne s'explique pas comment son collègue puisse voyager autant, ayant un style de vie similaire au sien et en gagnant le même salaire.

Un jour, il décida de lui poser la question:

- Investis-tu ? Sa réponse fut négative.
- Qu'est-ce qu'investir ? lui demanda-t-il.

Son homologue, surpris par la question, lui répondit : Je te propose d'aller prendre un verre, et je te l'explique.

Investir : c'est d'acheter des produits financiers, suivant la quantité d'argent disponible, dans l'espoir qu'ils prospèrent le suffisant afin de récupérer la totalité de la somme versée, plus les intérêts, avec lesquels t'offrir tes plaisirs.

Il est conseillé de reléguer ce plaisir pour un autre à long terme. Autrement dit, c'est comme si tu avais plusieurs emplois, tout en étant absent. D'autres personnes travaillent pour toi, obtenant en échange une commission de tes bénéfices. Tu es le gérant d'une entreprise, et ces commissions sont le salaire de tes employés.

Je t'invite à répondre à cette question : Quelle est la différence entre passifs et actifs ?

- Je n'en ai aucune idée.

Pour résumer : un passif est un produit quelconque qui prélève de l'argent ; et un actif est un produit quelconque qui génère de l'argent. Certaines personnes ne les distinguent pas, et échouent dans leurs investissements.

Un même produit peut être un passif ou un actif. Distingue-les !

Si nous possédons un local, il est préférable qu'il soit loué, comme il est différent d'avoir un logement pour soi, plutôt qu'à louer.

Tu vas comprendre comment je fais pour vivre comme bon me semble avec mon salaire. Tu l'as dit toi-même ; nous gagnons la même somme d'argent. J'aimerais te raconter l'histoire de Cindy et Jessica. Deux jeunes filles de Chicago que j'ai rencontrées lors d'un karaoké à Tokyo, et qui m'ont initié aux investissements.

Cindy : est professeure de mathématiques dans un collège de Chicago. Auparavant, elle était agente préposée aux fonds d'investissement à hauts risques, à la banque centrale. Son ambition était d'être dans l'enseignement.

Une fois terminées ses études, elle dû rembourser le prêt demandé à la banque afin de les réaliser. Aux Etats-Unis, les universités sont très chères. Les étudiants s'endettent afin de pouvoir les payer. Entant que professeure, le salaire est de 1.500$, et comme agente, de 2.000$. Les 500$ de différence lui permettaient de payer son loyer. Mais son métier entant qu'agente ne la comblait pas. Elle fit de bons investissements pour ses clients et en à peine 5 ans, elle gagna 60.000$ de commissions.
Cette somme jointe aux 40.000$ qu'elle avait économisés, lui permirent de s'acheter un appartement. Elle laissa son travail pour être professeure ; le métier qui la comble vraiment, et elle n'a plus à payer de loyer. Enfin, elle mène la vie qu'elle aime.

Jessica : est une coache de fitness. Son travail la fascinée. Elle menait une vie agréable, mais voulait emménager dans un plus grand appartement, car le sien n'avait qu'une seule pièce, et allait bientôt avoir un bébé. Le seul inconvénient était le prix du loyer. Actuellement, elle paye 420$, et le prix du nouvel appartement s'élève à 520$. C'est un dilemme, car elle hésite entre reprendre son ancien emploi de comptable, avec lequel elle recevait un salaire plus élevé, ou ne pas déménager. Ces 100$ faisaient toute la différence. Cindy la conseilla et lui investit son argent.
Elle disposait de 15.000$ d'économie sur un compte qui lui rapportait à peine 0,8% d'intérêts annuels. Elle les investit dans un fond qui lui rapportait un 10% d'intérêts annuels, ce qui donnait un total de 1.500$ à l'année, soit 125$ en 12 mois.

Elle déménagea sans avoir à renoncer à son travail et pût vivre comme bon lui semblait. Sa fille eut enfin sa propre chambre. Actuellement, elle travaille toujours dans le même gymnase.

- Personnellement, il me semble que ces intérêts sont trop élevés. Je ne perçois qu'un 0,5%.
- Si tu n'as ni intelligence financière, ni intelligence émotionnelle, tu ne les percevras jamais.

La plupart se contente avec très peu, par exemple avec un 0,5%, ou un 1,5% annuel. En entrant dans le monde des finances, tu acquerras ces intelligences, et découvriras qu'il y a plusieurs autres options.

Les protagonistes des histoires qui suivront dans ce livre investirent dans des fonds d'investissements et d'actions. Ils se sont questionnés et ont pris des décisions sur leur futur, et s'y sont préparés. Ils ont imaginé la vie qu'ils souhaitent dans dix ans, et se sont proposés un projet de vie ; une motivation pour laquelle se lever de bonne humeur tous les matins. Ils visualisèrent le chemin qui mène à la réussite, et commencèrent par faire des placements à long terme, s'habituant ainsi au langage bancaire, tel que le taux fixe ou variable, entre autres. Ils prirent l'habitude de se rendre à la banque une fois par semaine, malgré les transactions réalisées sur Internet. Nous nous mouvons par nos émotions, qu'elles soient bonnes ou mauvaises, telle une personne derrière son comptoir peut avoir de l'empathie envers toi. Afin d'acquérir et mettre en pratique l'intelligence financière et émotionnelle, il te faudra exercer, et le meilleur endroit est ton agence financière.

Il est intéressant de réaliser les transactions chez soi, moi-même je le fais. Cela ne m'empêche pas de rendre visite aux employés de la banque. Les affaires sont des relations et interactions entre les personnes.

N'oublie pas !

Pour te familiariser avec les investissements et prendre confiance en toi, tu dois partir du principe qu'il faut commencer au plus bas, et de là, en apprendre davantage. Une fois assimilé le sujet, et réalisés tes propres investissements, il n'y aura plus nécessité à t'y rendre si fréquemment, mais je te recommande d'y aller tout de même.

Soucie-toi de ton argent !

Une chose est certaine ; l'argent est soumis à l'émotion. Il est irréel. Si tu n'as ni besoin, ni des émotions, tu ne dépenseras pas, même en ayant de l'argent. Si tu as 50€, mais que rien ne te tente, tu ne les dépenseras pas. Par contre, si tu es au café avec des amis à regarder un match de foot, et que ton équipe marque un but, tu leurs paieras volontiers un verre. Après cette parenthèse, je poursuis mon histoire.

Elles investirent donc du temps et de l'argent. Si elles s'installaient sur leur canapé, ce n'était pas pour perdre leur temps à regarder les télé-réalités, mais plutôt des documentaires de culture générale et d'économie. Elles pouvaient ainsi s'exercer émotionnelle et financièrement.

Elles perçoivent la télé comme une source de distraction, et un moyen de passer un agréable moment. Aussi acquièrent-elles des informations, mais sans se laisser déshumaniser, ni se distraire face à leur objectif, à l'indépendance économique, ou du moins, acquérir une certaine liberté financière. Il ne s'agit pas d'une réalité, mais d'une fiction. La réalité se trouve hors de chez soi, avec nos connaissances. Pour t'en évader, opte pour d'autres passe-temps, plus sains, qui vont te procurer un bien-être mental et physique, comme peuvent être le sport, la lecture, la balade…

Ne fuis pas la réalité en t'imprégnant des informations projetées par la télévision.

L'aversion au risque : C'est un facteur important face à n'importe quel investissement. Préférer un produit à moindre rentabilité, mais à moindre risque, plutôt qu'un autre à haute rentabilité, mais à plus haut risque. Je t'aide à mieux le comprendre avec cette métaphore :

Le coureur : Deux courses vont se dérouler : une de 10 km, et une de 20 km. L'inscription est de 35€, et la récompense est de 70€ pour la courte distance, et de 120€ pour la longue distance. Il choisira celle qui lui convient selon ses conditions physiques. Dans ta position, opte selon ton intelligence financière.

Rentabilise ton argent.

Pourquoi croix-tu que la banque t'offre-t-elle un intérêt aussi bas ? Parce que c'est simple de l'acquérir pour elle.

Ces intelligences sont d'une haute importance pour ne pas te ruiner. Ne rentre pas dans le monde des investissements à l'aveugle, même si d'autres le font. Si tu es bon coureur, nageur ou skieur, et que tu ne sais pas monter à vélo, n'espère pas gagner le championnat régional, ni même passer l'arrivée.

Intelligence émotionnelle : identifie tes émotions et sentiments pour les exprimer et les gérer. Sois contient à tous moments de ce qui t'entoure. Sache jusqu'où vont tes limites. Aies de l'empathie envers les autres, sois compréhensif et reconnais leurs nécessités.

C'est une habilité fondamentale pour créer des relations sociales et des liens personnels. Dans le monde des affaires, ne te laisse pas mener par tes émotions.

Une facette importante de cette intelligence est le groupage de l'action.

Groupage de l'action : *Je désire quelque chose, je ne peux pas, je le fais.*

Dans ce groupage, il est important de suivre l'ordre établi. Fausser l'ordre de ces facteurs altère le produit. Face à un objectif, te vient d'abord à l'esprit : j'aimerais le faire, mais par les aléas de la vie, je ne peux pas. C'est une erreur. L'action prend ici fin. Maintenant, vient le moment où tu te dis : je ne peux pas en ce moment. Comment puis-je faire faire pour y arriver ?

Voilà la question à te poser. Tu le feras une fois que tu auras la réponse. Le « je ne peux pas » n'est pas définitif, il est temporaire. C'est la motivation à agir. Pense de cette manière !

Ne t'autolimite pas et ne te mets pas de bâtons dans les roues.

Exemple : j'aimerais partir en voyage, mais je n'ai pas suffisamment d'argent. Ici est la question : Comment puis-je faire pour économiser cette quantité d'argent et ainsi pouvoir partir?

L'argent est émotionnel. Si tu vis dans la peur, il aura une répercussion négative sur ton économie. La quantité d'argent que tu auras à gérer sera le résultat de ta manière de penser. L'important est d'avoir une forte mentalité, de savoir gérer les émotions, telles la joie et la tristesse, et de fortifier la Résilience.

La résilience : c´est la capacité de vaincre les vicissitudes, et à en sortir assaini. Si à un certain moment de ta vie tu te trouves dans une situation importune, tu devras y faire face, et ne pas laisser ce vécu dénaturer ta personne. Si avant cette expérience tu étais une personne gaie et épanouie, ne te laisse pas anéantir par la dépression.

Ne laisse pas le passé altérer ta personnalité.

Exemple : un ressort peut résister à de grosses pressions. Il rétrécit jusqu'à devenir solide. Une fois qu'il lâche la pression, il revient à son état normal. C'est important pour la santé mentale et pour les investissements, car les choses ne se passent pas toujours comme prévues.

Je te conseille de suivre ces étapes, afin de renforcer la résilience :

1- Prends une décision, et agis en acceptant ses conséquences.
2- Valorise ce que tu obtiens, et ne regrette pas ce que tu as perdu, à chaque décision, tu perdras et obtiendras quelque chose.
3- Tire des leçons des mauvaises expériences, et améliore les bonnes.
4- Propose-toi des objectifs. Tu apprendras une nouvelle manière d'affronter d'éventuels problèmes.
5- Pratiquer du sport te discipline. Fais-en ton style de vie.

Le sport te donne de l'ardeur, de la constance et de l'assurance. A chaque entraînement, tu te dépasses. Applique-le comme style de vie. Tu considèreras la vie comme un défi, et te motiveras à aller de l'avant. La motivation est l'essence du bonheur.

Intelligence financière : c'est une habilité qui permet d'acquérir et de gérer des ressources afin de vivre comme nous le souhaitons, comme par exemple des habitudes, déchiffrer et interpréter des balances économiques, ou éviter ou résoudre des problèmes financiers. Le concept économique se traduit par le rapport que tu as envers l'argent et à ta façon de le manier. Plus grand est le concept, plus grande sera la quantité d'argent que tu pourras gérer.

Prenons en exemple cette image : Tu remplis un grand verre d'eau jusqu'à ce que celui-ci déborde. L'excès d'eau sera perdu, tu seras contraint d'arrêter de verser. Tu devras changer le concept, c'est-à-dire, changer le verre pour un plus grand.

C'est ce qu'arrive souvent aux personnes qui gagnent au loto. Quelques années plus tard, elles se retrouvent dans la même situation qu'avant, ou encore pire, endettées, car elles n'ont pas su gérer leur argent. Si tu vis avec 1.000€ et que tu as une augmentation de 500€, tout sera parfait, tu auras un autre train de vie. Mais en l'espace d'un an, tu t'y seras habitué, et tu te sentiras aussi restreint que lorsque tu vivais avec tes 1.000€.

Nous ne pouvons gérer que la quantité d'argent à laquelle nous sommes habitués. Si tu élargis ton concept mental, tu sauras en gérer une plus grande quantité. C'est comme l'histoire de notre ami Carlos.

Carlos : un ami qui est responsable dans une entreprise, a aujourd'hui un salaire plus élevé, et devrait arriver plus à l'aise à la fin du mois, ce qui n'est pas le cas. Auparavant, il gagnait 1.200€, et en gagne aujourd'hui 1.600€. Il est dépensier ; l'argent lui brûle les doigts. Il ne connait d'autre façon de vivre et trouve normal de s'endetter.

Si tu recevais une importante quantité d'argent, tout serait positif. Tu aurais peut-être une nouvelle voiture, ou une autre maison. En revanche, ces ressources ne changeraient pas ta personnalité.

Si avant cela, tu étais une personne dépressive, passé un certain temps, tu retourneras à cet état d'âme. Penser que l'argent change la personne n'est pas avéré ; il la renforce!

Les deux facteurs importants avant d'entreprendre un investissement sont :

- Pourquoi investir?
- En quoi investir l'argent que je vais gagner ?

Il est essentiel d'en connaitre les raisons. Si tu n'es pas assez motivé, tu abandonneras le projet.

Exemple : Une personne qui suit un régime, doit suivre une alimentation adaptée et faire le type d'exercice qui lui convient, afin de perdre du poids. Si elle ne met pas en pratique cette méthode, le projet est voué à l'échec. Pour que cela t'apporte un bénéfice, tu dois connaitre la quantité d'argent que tu aimerais gagner, et en quoi l'investir.

Décèle ton type de mentalité : As-tu une mentalité de riche ou une mentalité de pauvre ?

Une mentalité de pauvre, est de dépendre uniquement d'une seule source de revenus, ou de ton salaire ou de ton entreprise. Une mentalité de riche, est d'avoir d'autres sources de revenus appart ton salaire.

Personnellement, j'ai une mentalité de riche. Appart mon salaire, j'ai d'autres sources de revenus. Ce sont mes actifs. J'investis dans des produits bancaires.

Tu comprends alors que tu as une mentalité de pauvre, et te demandes pourquoi tu ne mènes pas la vie que tu aimerais. Tu as toute ta raison, tu es libre de décider. Personne ne t'empêche d'avancer. Ne reste pas inerte, telle une plante. Celle-ci n'a besoin que d'eau et de clarté pour ne pas faner. Tu ne veux que survivre ? ou par contre, tu veux vivre comme bon te semble ?

Alors réagis !

- Un jour, l'on me demanda la raison pour laquelle je travaillais, et avais-je accepté ce poste ; je répondis que j'aime mon travail, j'ai de bons horaires qui me permettent de profiter davantage de mon temps libre une fois terminée ma journée de travail, et d'excellents rapports avec mes collègues, avec qui je passe de bons moments. Malgré que mon salaire soit insuffisant pour vivre comme j'aimerais, je mène une vie agréable. Je ne souhaite pas changer de travail, même pour un salaire plus important.

- Voilà en quoi consiste le bonheur ; faire ce qui te plait, ne pas t'apitoyer sur ton sort et agir, être reconnaissant avec ce que tu as, et le valoriser. Si quelque chose te contrarie, réagis, ou sinon passe outre et adapte-toi. Tu es conscient que de te plaindre ne sert à rien et crée une mauvaise ambiance. Ton bonheur dépend de ces deux variables : **ton attitude et ta gratitude.**

La gratitude : est d'avoir conscience de ce que tu as, et de le valoriser. Profite de ce que tu possèdes aujourd'hui, car tu ne l'auras peut-être plus demain.

L'attitude : est la manière dont tu perçois la vie, et comment tu la vis. Elle peut être positive ou négative, et forme ta personnalité. Toi seul peux le concevoir. Canalise ce que tu as. Ce qu'il te manque doit être ta motivation pour l'acquérir, et non une déception. Celle-ci est très importante, car elle permet de te contrôler face à toute situation. Si tu l'as, c'est admirable, car tu as trouvé ce que nous recherchons tous.

Voilà en quoi consistent les investissements ; travailler dans ce qu'il te plait malgré que ton salaire soit insuffisant pour vivre comme tu aimerais, et avoir d'autres sources d'argent afin de compenser cette carence de revenus. Ainsi, tu seras toujours heureux. Tu seras comblé par ton travail, et pourras te permettre les plaisirs de la vie.

Le bonheur n'est pas un choix. C'est le simple fait de se sentir bien avec soi-même. Lorsque tu es triste ou content, et que tu prends conscience de cet état d'âme, inconsciemment, tu es heureux, car tu sais que c'est passager et que tu en ressortiras plus fort. Si tu es triste, tu sauras comment faire pour ne plus l'être, et si tu es content, tu feras tout pour le demeurer. C'est une option, car c'est la manière la plus logique d'agir.

Rien de mieux que de se sentir bien !

- Je trouve intéressante la façon dont tu le considères, cela me paraît plaisant. Il s'agit d'investir en bourse, pas vrai ?

- Oui, mais non seulement en bourse, mais aussi en plaçant ton argent à la banque, en biens immobiliers, ou en matières premières, comme peuvent être l'or ou l'argent, etc... Pour ma part, mon système est d'investir en banque. Avec les cartes de crédit, je n'ai pas à avoir d'argent sur moi ; elles me permettent d'acheter ce dont j'ai envie, qui me sera facturé le mois suivant sans intérêts, ou d'acheter des billets d'avion de chez moi.

L'important est que tu te sentes à l'aise. Tout dépend de ton attitude. Dans mon cas, la crise m'incita à investir. En revanche, beaucoup de personnes s'y sont accommodées et ont accepté leur situation financière. Toute crise est une opportunité pour changer et/ou améliorer notre comportement.

J'ai toujours aimé les défis, et acquérir la liberté financière avant les 65 ans en était un. Les baisses de salaire et l'austérité sociale ont créé de nouveaux pauvres. Ces cinq dernières années, les salaires ont baissés de 20%, et les impôts ont subi une augmentation de 12%. Si je voulais maintenir le même niveau de vie sans devoir renoncer aux voyages, je devais réagir et trouver une solution ; soit changer d'emploi pour un autre mieux rémunéré, soit investir pour récupérer ces 32% de déficits sus cités.

J'avais épilogué sur mes études et ma carrière professionnelle ; j'aurais pu travailler face à la concurrence, avec un salaire mieux rémunéré, mais je préfère mon travail actuel. Je suis comme toi, heureux et qui aime son travail. Je ne me plains pas ; je tire des leçons de mes problèmes, et j'agis en conséquence pour en ressortir plus fort. Je n'attends pas que quelque chose advienne pour agir.

Les échecs redéfinissent le chemin vers la réussite. Comme je ne voulais pas laisser mon travail, je décidai d'investir : j'économise pour ma retraite, et les intérêts que je gagne me permettent de vivre comme je le souhaite.

Je suppose que tu es une personne diligente qui économise déjà une partie de ses revenus. Personnellement, j'économise le 20% de mes revenus mensuels. J'ai commencé à économiser pendant quelques mois. Une fois que j'eus disposé de 1.000€, je les plaçai dans un fond d'investissement à un taux de 8% annuel, ce qui donna un total de 80€ de bénéfice. Mon argent travaillait pour moi. J'aurais pu investir en bourse et gagner plus, mais à ce moment-là je n'osais prendre de risque.

Mon premier objectif était de gagner suffisamment d'argent afin de couvrir mes dépenses passives annuelles, et plus tard les mensuelles, sans compter le logement. Au fur et à mesure que je prenais de l'assurance dans ce domaine, je prenais plus de risque. Les actifs me permettent de vivre comme je le veux, les locaux, les parkings et les produits bancaires. Après avoir investi pendant 18 ans, je peux enfin le dire : *« je vis comme bon me semble »*.

Je transfère mon salaire dans sa totalité à mes parents, qui ont eu une vie difficile, et qui par conséquent, n'ont pas pu faire d'économies.

Leur pension est insuffisante pour payer leur loyer ; d'autant plus qu'à leur époque, l'information sur les investissements était peu commune. La mentalité était différente, car l'on pensait que pour gagner de l'argent, il fallait travailler dur, et ainsi pouvoir vivre au jour le jour.

Le gouvernement leur avait promis une pension digne s'ils cotisaient une certaine quantité mensuelle à la sécurité sociale, mais il n'en fut pas ainsi. Contrairement à nous, ils n'avaient pas de loisirs. Après notre journée de travail, nous pouvons aller au cinéma, au théâtre, faire du sport, sortir entre amis, etc…

Mais tout dépend de ton attitude, dans mon cas, la crise me fit réagir, et c'est pour cela qu'aujourd'hui je ne dépends pas que de mon salaire. La plus part des personnes se contentent avec leur baisse de salaire et l'augmentation des impôts, ce qui ne fut pas mon histoire, car j'en ai su prendre profit pour améliorer ma situation.

Je ne me plains pas, et assume mes responsabilités !

Dans le milieu bancaire, nous trouvons trois produits : les actions, les fonds d'investissement et les placements. Nous en avons d'autres qui en dérivent. Les actions apportent un meilleur bénéfice, et les placements sont ceux qui en apportent le moins. Les fonds d'investissement se trouvent entre les deux.

Nous n'allons pas les décrire, car ce livre ne traite pas sur les produits financiers. Renseigne-toi à ton agence sur les avantages et inconvénients de chacun. Dans tous les cas, tu auras un meilleur rendement de ton argent qu'en le laissant sur ton compte courant. Avec les actions, tu risques de tout perdre, mais pas avec les placements. C'est la règle de l'investissement :

"A plus grand risque, majeur bénéfice".

Applique-la pour tout investissement. Les trois questions à te poser avant d'investir sont :

1- Pour quelle raison tu investis ?
2- Combien d'argent serais-tu prêt à perdre ?
3- Prends-tu en compte les trois variables ?

Première question : Pour quelle raison tu investis ?

Est-ce parce qu'en général les gens le font, et en sortent avantagés, ou est-ce par rapport aux médias ? Ils révèleront leurs gains, mais jamais leurs pertes. Ou en revanche, tu te proposes d'autres manières d'acquérir de l'argent en te libérant des préjugés? C'est-à-dire de penser que la seule façon de le gagner est en faisant des heures supplémentaires. Dorénavant, tu vas penser autrement, et envisager de vivre différemment. Libère-toi de tes idées préconçues ; tu es enfin une personne libre, avec des raisons pour atteindre tes objectifs, sans aucun prétexte pour ne pas les réaliser. Sois attentif ; l'argent attraie surtout lorsque tu le gagnes de cette façon : sans être présent physiquement. Il peut te faciliter la vie, comme te la ruiner. Sois sûr de bien l'utiliser en ta faveur. Tu aimerais disposer de suffisamment d'argent pour tes frais : l'assurance de la voiture, cotisation pour le sport, les impôts... et pourquoi pas envisager un voyage ? Pense aux personnes qui n'aiment pas leur travail, mais qui sont obligées d'y passer 8 heures uniquement pour payer leurs dettes, dues à leur train de vie inapproprié, et qui malgré cela, se justifient pour ne pas changer d'emploi :

- Le travail est proche de mon domicile.
- "Mieux vaut un mal connu, qu'un bonheur incertain".
- Cela m'ennuie de devoir tout recommencer.

Si tu n'as pas la chance d'aimer ton travail, et en plus t'as un salaire moyen qui ne te permet pas un meilleur niveau de vie, n'hésite pas à changer d'emploi. Il est insensé d'y rester, car si tu l'avais accepté à l'âge de 20 ans, et qu'à tes 30 ans tu y es encore, quelle serait ta motivation pour évoluer ?

C'est aberrant, si ton salaire a stagné durant ces dix dernières années ; ta personnalité pourrait changer de manière négative, et s'en dégager de mauvaises énergies, lésant les personnes qui désirent avancer. Si tu ne vas pas dans leur sens, ne les empêche pas de progresser. Elles ont les idées claires, et ont de bonnes perspectives. Nous ne sommes pas tous dans le même bateau !!

Ne pas te soucier de ton argent est comme espérer une récolte sans avoir semé.

Les personnes négatives : interprètent le monde comme une menace, et pensent que rien ne vaut la peine. Si un rayon de soleil était soudainement caché par un nuage, elles se canaliseront sur ce nuage, et déjà prédiront la pluie. Elles sont persuadées qu'une mauvaise journée en apporte une autre, et qu'avec patience et égard envers les autres, elles trouveront le bonheur par hasard. Elles le perçoivent comme le destin, et non comme une manière de vivre.

Leur devise est : **« Toute circonstance a sa raison, et chaque chose à son temps. »**

Leur pessimisme est contagieux, elles ne tiennent pas en compte que leur attitude définie leur façon de vivre. Tu aurais beau leur faire voir le bon côté des choses, elles n'y croiront pas. Ne laisse pas leurs paroles te séduire, car elles t'attireront par pression morale, et puiseront ton énergie sans t'en apercevoir. Je vais décrire quelques traits de personnes pessimistes afin de les reconnaitre, prendre tes distances, et passer outre leurs commentaires.

- Elles s'angoissent face aux situations qui ne peuvent changer.
- Leur présent est influencé par leur passé ; elles ne changent rien par peur de souffrir.
- Ne s'éloignent pas de leur zone de confort.
- Dès que leurs projets se compliquent, elles renoncent.
- Prennent la vie trop au sérieux, et sont incapables de pratiquer l'autodérision.
- Prêtent trop attention à leur faiblesse.

- Le regard d'autrui ne leur est pas indifférent, bien que ceux-ci ne les envient pas.
- Sont rancunières ; peuvent te rappeler de mauvaises situations, même longtemps après.

- Laissent venir les choses, ne projettent pas leur vie ; ne savent pas qu'un homme averti en vaut deux.

S'il t'est difficile de prendre tes distances, suis ces conseils afin d'interagir et de ne pas te laisser infliger par leurs commentaires, car elles te feront abstraction, à moins que cela ne t'affecte:

Dramatise la situation, et fais en sorte qu'elles aient toujours raison. Ta vie doit sembler plus pathétique que la leur. Voyant qu'elles ne peuvent t'influencer, elles cèderont face à tes répliques. Logiquement, leur devise devrait être: **« Rien n'arrive par hasard. »** Tout advient en conséquence de tes actes afin d'en tirer des leçons. Cela t'oblige à te mouvoir, c'est de l'optimisme. Le pourquoi peut être une cause, ou une raison. « Il m'est arrivé cela par rapport à mes actes, ou il m'est arrivé cela en raison de mes actes. » La cause est suivie de la raison.

Exemple : J'ai été licencié, car je suis arrivé en retard au travail à plusieurs reprises. De cet épisode de ma vie, j'en ai tiré une bonne leçon ; celle d'être plus sérieux dans mon prochain travail.

Change ton vocabulaire, et tu percevras les faits d'une manière différente.

Les personnes toxiques : sont nuisibles et dangereuses. Leurs caractéristiques sont semblables à celles des personnes négatives ; elles se critiquent entre elles, et te critiquent en ton absence. Elles aiment la médisance, vivent confortablement sans prendre de risques, ne font pas d'efforts, ne sont ni disciplinées ni déterminées, se contentent de ce qu'elles ont, même sans être satisfaites, se plaignent mais ne font rien pour améliorer la situation ; jalouses et menteuses, se sentant inférieures, elles ont besoin de critiquer, rabaisser et se comparer aux autres pour de se sentir supérieures.

Bien que tu les aide, elles te déprécieront et décourageront dans ce que tu te proposes, et même si elles ne l'expriment pas verbalement, leur regard et gestes ne trompent pas, et reflètent leur malfaisance. Elles te jugent en te persuadant de leur sincérité, et te font entendre que c'est pour ton propre bien, alors qu'elles ne remarquent que tes défauts. Il te sera difficile de t'éloigner d'elles, car ce peut être des personnes proches, qui se sont senties délaissées durant leur enfance, comme tes parents, amis, collègues de travail… et cherchent à se faire remarquer une fois adultes. Elles parviennent à attirer notre attention en nous manipulant, ce qui inconsciemment, leur fait du mal. Cette sensation de frustration et d'abandon leur provoque une attitude désespérée et impulsive.

C'est pour cela que tu dois agir selon tes envies, et même si tu te méprends, l'important est d'en profiter.

Ces deux phrases les définissent :

1- Tu n'y parviendras pas, et tu sais que j'ai raison !: Elles pensent percevoir tes incertitudes. Si tu en es persuadé, cette affirmation sera nocive, et t'incitera à abandonner tes projets sans même les avoir commencé, et tu focaliseras déjà ta future défaite. Sache que tu en es capable ; ne reste pas bloqué sur des détails qui puissent freiner tes objectifs. Cherche des alternatives pour les concrétiser, et tes idées se bousculeront.

2- N'est pas plus riche celui qui en a plus, mais celui qui en a besoin de moins : ils oublient que la richesse est d'avoir plus de possessions que son prochain.

Les personnes toxiques emploient cette expression pour te démotiver à améliorer ta situation financière. Etre heureux ou ne pas l'être, là est la question ! Plus élevé est ton statut, plus tu as de possessions, et plus tu seras à même de donner, si tu as assez d'argent pour vivre comme bon te semble. L'une des parties du bonheur est de pouvoir partager le reste avec autrui, et sinon, pense à cette citation : « Quand il y en a pour un, il y en a pour deux. », mais peut-être pas pour trois.

Concernant la phrase précédente, il serait plus sage de dire : **« L'homme le plus heureux n'est pas celui qui possède tout, mais celui qui a besoin de peu. »**

Je te conseille d'employer ces quelques vocables afin de pouvoir maintenir tout type de conversation avec ces personnes, sans avoir à donner ton avis, et passer outre leurs commentaires. Cela peut les susciter à lâcher prise par ton manque d'attention envers elles, ou à te considérer comme une personne qui sait écouter et conseiller :

- Ah bon !
- C'est possible !
- A toi de voir !
- Tout à fait !
- Sois toi-même !

Voici un exemple de conversation : Tu discutes avec un collègue de travail, lequel tu ne supportes pas. Tu ne sais pas si c'est une personne négative, toxique, ou simplement méfiante. Tu ignores ses intentions ; peut-être veut-t-il te soutirer des informations qui peuvent se retourner contre toi.

- Il arrive qu'une rumeur laisse entendre que l'on va réduire le personnel, et que tu seras certainement l'un d'entre eux.
- C'est possible !
- Sincèrement, c'est une information de source sûre.
- Ah bon !
- Je crains que l'on ne soit licencié. Qu'est-ce que je ferais dans ce cas-là ?
- Sois toi-même.
- Qu'est-ce que tu veux dire, que je devrais commencer à chercher du travail ?
- Tout à fait !

- Alors que dois-je faire, dois-je demander mon compte, ou attendre de voir ce qui se passe ?
- A toi de voir.

Pèse tes mots, avec ce genre de personne ; cherche la sérénité. Tu y parviendras avec diplomatie et une bonne attitude.

Quatre aspects pour t'aider à déceler si l'ambiance est hostile sur ton lieu de travail, et savoir comment agir :

- Travail en équipe inexistant.
- Personnes non aptes promues.
- Directive de fonctions inexistante (travail de chacun non spécifié).
- Face à un problème, l'on cherche des responsables, et non les causes.

La relation entre employés est directe et inévitable, et affecte l'entreprise et le salarié. Si le travail en équipe est inexistant, il n'y a ni relation entre collègues, ni avec la direction. Cette mauvaise ambiance peut mener à la convoitise, au commérage, à l'hostilité et à la méfiance.

Lorsqu'une personne est promue par recommandation, et non par compétence, cela aura une répercussion sur les employés. Ils perdront l'intérêt qu'ils ont pour leur travail, et de surcroit l'envie de se surpasser, et par conséquent, fourniront moins d'efforts. Cette personne promue est incompétente, n'a pas de directive pour assigner les fonctions de chacun, et ne saura donc gérer son nouveau poste. Pour résoudre un problème, elle ne cherchera pas d'alternatives, ni à connaître les raisons afin d'éviter d'autres problèmes à venir, mais plutôt à trouver des responsables. Elle ignore que le problème vient de l'information ambigüe qu'elle aura procurée à ses employés ; son intérêt sera de justifier sa position.

Voici une discussion que j'eue avec quelqu'un de toxique, à qui j'expliquais ma façon d'acquérir de l'argent extra.
Il disait que la seule manière de gagner son salaire, était par la sueur de son front. Je lui répondis qu'en pratiquant du sport, je transpirais également, et que cela ne me rapportait rien, donc, sa théorie n'était pas valable !

S'il présume que j'ai tort, il devrait creuser dans le désert ; nous verrons bien ce que cela lui rapporte !!

Ce n'est pas le manque d'argent qui t'empêche de mener la vie que tu espères, mais bien la peur. Tu fais valoir la survie à la vie, pensant que tu auras une deuxième existence.

Réagis, nous ne vivons qu'une fois !

Inconsciemment, tu te laisses mener par la société, ou tu portes à croire que tu vis comme tu le souhaites, mais en réalité, cette vie ne te convient pas, alors, tu la mènes de façon indépendante de toi, et tu la combles avec un quelconque objet, qui t'est en fait indifférent. C'est comme la personne qui a grandi dans une famille nombreuse, où le frigo était toujours plein, et qui aujourd'hui a sa propre famille, mais plus restreinte.

Elle ne supporte pas de le voir à moitié vide, et va perpétuer cette habitude, ce qui occasionnera des pertes d'aliments, car ils seront périmés.

L'avantage d'être optimiste :

Les personnes positives et optimistes : sont des personnes totalement différentes, bien qu'elles vivent dans la même société. Elles verront l'aspect positif de chaque situation, et savent qu'elles en sortiront avantagées. L'aspect négatif mène au mal-être, aux rancœurs, aux plaintes, et au découragement. Elles sont avant tout réalistes, mais d'un optimisme intelligent.

Exemple : en cas de perte d'emploi, elles ne resteront pas optimistes. Elles seront conscientes qu'elles sont face à un problème, et qu'en y mettant du sien, elles pourront améliorer la situation. Elles connaissent le motif pour lequel cela s'est produit, et essaieront d'en connaitre les raisons, et d'agir en conséquence. Ces personnes prennent leur vie en main. La chance se présente chaque jour, et l'on se doit d'être prêts et attentifs pour la saisir, comme dans le cas de Xavier et Jaime :

La chance : Ils étaient tous deux à la recherche d'un emploi. Chaque matin, ils lisaient les petites annonces dans le journal. Contrairement à Jaime, Xavier ne cherchait que entant que plombier, et se fermait à tout autre travail. Une offre d'emploi comme serveur fut publiée, à laquelle Jaime s'y intéressa. Il réussit à se faire convoquer pour un entretien d'embauche, et sur son chemin, il trouva un ticket de loto gagnant de 5.000€.

Morale de l'histoire : La chance était au rendez-vous, cependant, seul Jaime fut attentif, et sut la saisir.

Je vais maintenant décrire quelques traits de personnes positives afin de les reconnaitre, et interpréter leur manière de penser.

- Elles sont heureuses, mais réalistes face aux situations difficiles, et ne s'apitoient pas sur leur sort, car elles sont conscientes que c'est temporaire, et qu'il y aura toujours d'autres obstacles plus pénibles.Le bonheur et la contrariété sont des états d'âme compatibles.
- Ce sont des personnes souriantes, qui savent que tous les faits ne dépendent pas d'elles, et ne s'en avancent pas.
- Ont appris que le passé a ses raisons, mais ne s'y accrochent pas.
- Planifient leur future tout en profitant du présent, et sont prêtes aux contretemps.
- Sont reconnaissantes ; pour elles, rien n'est accompli, car elles savent que tout peut changer, et/ou se perdre à tout moment.
- Assument toute la responsabilité de leurs actes, mais prennent en compte que « qui ne tente rien, n'a rien ».
- Font de leur mieux, mais ne s'obsèdent pour la perfection.
- Ne se comparent pas aux autres, et si elles le font, c'est pour s'en imprégner, et non pour les rivaliser.
- Pour elles, chaque jour est une fête.
- Elles savent que la vie n'est ni juste, ni parfaite. C'est tout simplement la vie !
- Elles pensent qu'en éveillant de la jalousie, elles sont sur le bon chemin.

- Sont convaincues de ce qu'elles disent et pensent, et non pas des interprétations d'autrui.
- Tous les maux ne se dirigent pas toujours contre elles ; elles ne prennent pas tout au premier degré, ce n'est pas personnel !

Maintenant que tu connais les différences entre ces personnes, je vais te raconter l'histoire d'Eva.

L'influence d'autrui sur Eva : elle est une jeune fille qui aimerait partir en Europe pour une période de trois mois. Elle en parle avec des amis et collègues de travail. Quelques-uns sont des personnes toxiques, d'autres négatives, et d'autres positives.

- Les personnes toxiques pensent : elle ne peut voyager seule, car elle s'exposera aux pires expériences : risques d'agression, de vol, d'enlèvement… et qu'elle peut aussi perdre son passeport, tomber malade, et perdre son argent.

- Les personnes négatives la questionnent : « Pourquoi veux-tu voyager, pourquoi vouloir t'exposer à des risques inutiles, pourquoi ne pas y aller accompagnée ?». Ne dépense pas ton argent !

- Les personnes positives la motivent : « Quelle bonne idée, tu es courageuse ! Cela te fera une bonne expérience. Tu vas découvrir le monde, et pourra valoriser ta situation personnelle, et si par hasard tu t'égares, tu pourras toujours prendre un taxi pour renter. Les voyages forment la jeunesse !!

Eva va songer à toutes ces recommandations pour prendre sa décision. Les paroles de notre entourage ont un impact sur nous, et peuvent nous influencer ; de là l'importance de faire la part des choses. Appuie-toi sur les personnes positives, car elles peuvent te transmettre de la confiance, et de la sérénité. Réfléchis par toi-même !

Tu as certainement du potentiel dans le monde des investissements, mais tu ne pourras pas le développer, si tu ne t'entoures pas de personnes appropriées. Mais lorsque tu seras décidé de le faire, sois proche de personnes qui le fassent également.

Acquière autant d'intelligence financière qu'émotionnelle, par exemple, en lisant des magazines, des journaux, ou en regardant des vidéos, et plus tard, tu pourras assister à des séminaires.

Choisis bien tes amis, et prends-en soin !!

Cela me rappelle un couple de rockeurs que je rencontrai dans un pub de Memphis. John était guitariste, et Tina, chanteuse. Alors que je m'approchai de la scène pour laisser quelques dollars de pourboire, Tina m'invita à danser, puis nous nous installâmes au bar pendant leur pause. Nous parlâmes de musique et de nos vies. Ils étaient de Nouvelle-Orléans, et vivaient leur rêve. Cela faisait trois mois qu'ils se produisaient à travers le pays, et comptaient bien le faire toute leur vie. Je leur demandai s'ils pouvaient en vivre, et John me répondit que non. Je leur demandai alors comment ils s'en sortaient ; ils répondirent qu'ils louaient des parkings, et avaient quelques actions.

Avec les bénéfices, ils payaient le logement, et avec leur musique, le transport, les taxes de parkings, les courses, et en étaient ravis. En Nouvelle-Orléans, ils étaient tous deux cuisiniers, et menaient une vie agréable, mais pas celle qu'ils désiraient.

Au départ, ce n'était qu'une crise existentielle* de Tina. Elle pensait que sa vie n'avait aucun sens. Elle avait fait l'école hôtelière, parce qu'elle pensait que ce métier la comblerait, et aussi parce que c'était une tradition familiale, cependant, après des années de travail, elle se sentait apathique ; elle pensait : « je devrais être épanouie, car j'ai étudié pour devenir chef de cuisine, et j'y suis parvenue.»

L'hôtellerie est un beau métier, mais c'est un dévouement constant, car l'on y travaille même les jours fériés, quand d'autres ont congé. John, en revanche, savait que malgré ses études, il n'avait pas à en faire son métier. L'apprentissage peut nous paraître intéressant et amusant, mais les difficultés adviennent lorsque nous nous retrouvons sur le marché du travail. Nous ne devons pas seulement nous focaliser sur ce que nous avons étudié, mais nous ouvrir à d'autres professions.

Ils décidèrent donc d'agir, et se fixèrent un objectif : économiser 100.000$ en treize ans. Ils acquièrent avant tout de l'intelligence émotionnelle et financière. A chaque 10.000$, ils achetaient une place de parking qu'ils louèrent ensuite pour 60$. En économisant et en investissant, ils finirent par obtenir 12 places de parking, lesquelles leur rapportèrent un total de 720$ au mois. De plus, il leur resta de l'argent, avec lequel ils achetèrent des actions qui leur généraient 50$ de bénéfice mensuel, ce qui fit un montant de 770$ par mois. C'était un couple intéressant, qui investit du temps et de l'argent pour rentrer dans le milieu des finances.

Ce furent treize ans de sacrifices, mais c'était le prix à payer pour atteindre leur objectif ; ce qui fut un succès ! Ils songèrent à vendre cinq places de parking pour acheter un local, pour ensuite le revendre. Si un jour ils décidaient de ne plus voyager, ils vendraient leurs biens pour acheter une maison.

*Crise existentielle : fait de ne plus trouver de sens à sa vie, même si nous ne manquons de rien. C'est un passage dans lequel nous nous sentons attristés et abattus, et où nous ne trouvons plus de réponses à nos questions proportionnelles à la vie :

- Que fais-je ici ?
- pourquoi suis-je né, si ma vie aura une fin ?
- pourquoi ne suis-je jamais heureux ?

Pour éviter ce genre d'état d'âme, vis comme bon te semble ; ces questions n'auront plus raison d'être, car tu en auras les réponses. Tu donneras un sens à ta vie, et tu agiras selon tes envies.

Dans le milieu des investissements, tu n'as peut-être pas toujours été gagnant. Personnellement, quand je commençai, je le fis avec des valeurs sûres, ce qui m'apporta quelques gains. Les échecs que j'eus en investissant me permirent d'apprendre, et de m'améliorer dans cet élément, ce qui est notamment profitable pour chaque circonstance de la vie. Nous tirons plus de leçons de nos échecs, que de nos réussites. Lorsque tout se passe bien, tu n'innoves pas, mais sois prudent, car la réussite peut t'éblouir, t'inspirer de la confiance, te mener à la négligence, te distraire et te faire perdre la notion de la réalité, comme dans le cas de Christine.

Christine : ouvrit un café où l'on servait d'excellents hamburgers, et de bonnes bières à pression. Neuf mois après l'ouverture, son commerce fonctionna si bien qu'elle dû embaucher cinq personnes. L'une des principales raisons de son succès était sa façon d'être, son attention et sa sympathie envers les clients agrémentée d'un superbe sourire. Mais au fil des mois, elle fut surpassée de travail et ne sût gérer le succès ; seul lui importaient les factures. Son charisme, et son énergie positive et contagieuse qui s'émanaient d'elle, commencèrent à manquer aux clients, qui finirent par ne plus fréquenter le café.

Après trois mois, elle prit conscience de son inattention envers les clients, alors, elle se ressaisit, changea d'attitude, retrouva le goût au travail, et regagna leur confiance. Elle remit en question les motifs et les raisons pour lesquelles elle ouvrit son commerce. Si tu perds le concept de tes investissements, pose-toi les questions qui t'ont incité à investir.

L'adversité éveille en nous des qualités insoupçonnées à exploiter, endormies dans l'aisance et le confort.

Quand je décidai d'investir, la première chose que je fis, était de me conditionner en intelligence émotionnelle et financière. Ce ne fut pas simple, mais cela en valu la peine !

Dans l'émotionnelle, il est important de s'écouter, car ton for intérieur te met en garde, mais te provoque de l'appréhension au moment d'agir. A l'école, l'on nous inculque un bon enseignement, et l'on nous prépare à un future métier, mais nous n'apprenons pas en quoi investir l'argent, comment fonctionne le système des impôts, ni à monter notre propre entreprise, et à être autonomes.
Ce sont des facteurs importants pour le bon fonctionnement d'un pays, et nous procuré ainsi de bonnes conditions. Si tu connais la fonction des impôts, cela t'incitera à gagner plus d'argent, mais tu sauras aussi comment faire pour en payer moins.

- **Frais passifs :** ce sont les frais mensuels et annuels.
- **Frais mensuels :** le logement, l'eau et l'électricité, les courses et les loisirs.
- **Frais annuels :** les assurances, les impôts, la copropriété, le gymnase, la maintenance du véhicule, etc…

Revenant aux intelligences financières et émotionnelles, la société se meut avec le même patron, c'est-à-dire que lorsque les jeunes débutent dans la vie active, ils achètent des passifs, et s'endettent avec des prêts superflus, au lieu d'économiser et d'acheter des actifs pour vivre de leurs intérêts générés. Ils n'ont aucune connaissance sur les investissements, pensent que c'est aléatoire, et obtiennent des hypothèques. Pour certaines personnes, hypothéquer est synonyme de faire crédit sur un produit ; c'est à dire, de reporter un paiement à plus tard.

Mais les hypothèques sont de bons investissements, à condition que ce soit une décision bien réfléchie. Si nous le faisons par crainte de manquer d'argent une fois arrivés à la retraite, ou par mouvement social, cela nuira nos futures finances ; en ce cas, il serait préférable de garder notre argent, plutôt qu'acheter une maison ; ce bien ne sera jamais en notre totale et exclusive possession, car l'Etat, ou la copropriété s'en approprieront une partie.

Pour faire des travaux, nous devrons obtenir préalablement une licence délivrée par la mairie, et/ou de la copropriété suscitée. Nous devons investir de manière positive, et non pas le faire avec crainte, car nous nous focaliserons sur le négatif, et laisserons passer l'opportunité de progresser. Si tu pressens des risques, écoute ta conscience pour les maîtriser. Tu te laisses guider par tes émotions, et non par la raison au moment d'investir.

Ne jamais prendre d'importantes décisions selon nos humeurs, quelles qu'elles soient !

Il se pourrait que tu ne saisisses pas ta chance de vendre ta maison lors d'une bonne occasion, ou au contraire, que tu l'achètes sans que ce soit une bonne affaire, ou encore par mouvement social, car tu ignores la raison pour laquelle les gens achètent. Peut-être que certains travaillent dans des agences immobilières, et le font en espérant montrer l'exemple, afin que nous en fassions de même ; nous pouvons le supposer, mais pas en être sûrs. A Amsterdam, je connus trois associés dans un fameux coffee shops :

Jean, Susanne, et Joseph : Ils étaient de Valence, mais résidaient à Berlin. Ils avaient une entreprise de vente en ligne, et étaient d'excellents vendeurs. A ce moment, ils préparaient leur nouvelle vente. Ils savaient que la convoitise faisait le mouvement des gens, ainsi que leur apparence trompeuse, et profitaient de cette situation, en se faisant passer pour un couple et leur enfant.

Ils déménagèrent dans une zone résidentielle. Jean avait le rôle du père, et vendait des voitures de luxe ; Susanne, le rôle de la mère qui vendait des vêtements de haute couture ; et Joseph était le fils gâté qui avait tout ce qu'il voulait. Ils se promenaient dans le quartier pour mettre en évidence leur potentiel économique. Joseph allait à l'Université vêtu des meilleures marques, et en faisait la promotion entre son nouveau cercle d'amis, lesquels étaient riches, ou du moins, voulaient le paraître.

Dans le premier semestre, il avait déjà vendu des centaines de pantalons, de t-shirts, et de montres ; quant à son père, il avait vendu six Porches et une Ferrari, et sa mère, quinze robes des meilleurs couturiers du moment. Une fois qu'ils atteignaient leur objectif, ils repartaient afin de se reposer et jouir de leurs gains. Ils savaient que les gens les imitaient tout en dissimulant.

Si je possède un quelconque produit que toi-même aimerais avoir, tu ne me demanderas pas comment ai-je fait pour me le procurer, mais seulement où l'ai-je acheté. Je serai ravi de t'en faire part, et de t'expliquer comment le financer. Nous sommes une société de consommateurs, où tout doit aller très vite, comme par exemple dans un fast-food, cependant, cela a ses conséquences ; pour la nourriture, la graisse pourrait donner un mauvais cholestérol, et pour les personnes, une grande insatisfaction et frustration.

L'on veut tout sur le moment, et nous achetons par impulsion sans nous poser de questions.

La publicité transmise par les médias nous pousse à la consommation de façon irresponsable. Nous sommes conditionnés pour dépenser et voulons imiter les autres, mais nous ne devons surtout pas nous questionner, ni sortir de l'engrenage, cet engrenage, ou même l'immobilier, et gouvernements associés aux banques y participent.

Les médias menèrent une campagne importante contre les logements à location, mais nous ne devons pas être contre ce système, car c'est un bon moyen de se loger. Les médiats sont le reflet de notre société, mais nous les maîtrisons ; ils se meuvent selon nos besoins. Si tu étais le réalisateur d'un film, et que tu voulais qu'il soit connu à travers le monde, ceux-ci pourraient t'aider à diffuser l'information. Tout dépend du message à transmettre, et de l'interprétation que l'on en fait. Il serait injustifié de les accuser de tous les maux de notre société.

Ne prends pas toutes les informations au pied de la lettre, ouvre ton esprit critique !

S'ils projettent un soit disant bon film, renseigne-toi avant de le voir pour avoir ton avis personnel. Le gouvernement et les banques ont su nous manipuler, en jouant avec notre naïveté et nos illusions, et ont profité des déficiences scolaires en matière d'intelligence financière. Nous maitrisons mal nos illusions, et cela nous nuit.

« Cela me plait, les gens disent que je le mérite, c'est peut-être vrai, alors je l'achète.»

« Tu le mérites, achète-le ! »

Les multinationales (pouvoir économique), manipulent le gouvernement. Imagine que tu sois le président de la République, et que tu veuilles adopter une loi qui soit favorable pour le pays, mais néanmoins, celle-ci va contre les intérêts de certaines multinationales. Les entreprises se verront dans l'obligation de licencier tous leurs employés, et de fermer. Admettons qu'ils soient 3.000, que ferais-tu en ce cas ?, tu cèderais certainement à leur pétition

Leur stratégie pour endetter, était de manipuler les gens en jouant avec leurs émotions : leurs peurs, leurs craintes, leurs joies, et leurs illusions. Elles leur ont provoqué l'angoisse d'arriver à la retraite, et de ne pas avoir où se loger. Les retraites sont en danger, donc ta pension sera peut-être insuffisante, même pour te nourrir Des prêts ont été proposés pour résoudre le problème.
Un stratagème des plus anciens fut appliqué afin de réduire les gens en esclavage : « la nécessité auto imposée ».

Aux Etats Unis, l'esclavage fut aboli en 1865, et en Europe, s'établit vers l'an 2.000. Beaucoup de personnes commencèrent à obtenir des hypothèques auprès de leurs banques et à s'endetter sur une période de 30 ans. Désormais, elles ne pourront plus décider sur leur futur. Il y a des années, les esclaves payaient pour leur liberté, et aujourd'hui, étrangement, nous payons pour la perdre.

La nécessité auto imposée : si tu veux réduire quelqu'un à l'esclavage, ou lui ôter des droits sociaux, acquis par plusieurs années de négociation, sans aucune opposition, conçois des problèmes, et aussi des résolutions. Quand il te demandera de l'aide, donne-lui la solution en réclamant quelque chose en retour, et il cèdera volontiers. Parallèlement, des émissions s'émirent sur le plan culturel, qui menèrent à l'ignorance et à accepter la médiocrité. Le publique fut promu à penser que c'était intéressant. Etre inculte, mal élevé, vulgaire, et ne pas s'intéresser aux sciences commençait à rentrer dans les normes. La socialisation, l'apprentissage, et l'acceptation de ces émissions induisent à la conformité, à la soumission, à l'obéissance, à l'acceptation de la loi sociale, et/ou à s'habiller selon la mode.

La socialisation permet de t'identifier à un groupe, dans ce cas, à celui des gens incultes et vulgaires qui apparaissent dans ces émissions. Nous apprenons avec les croyances, les valeurs, l'implication et les expectatives de ce groupe. Tu croiras que ta manière de penser et de te comporter est sciemment voulue, mais en réalité, tu es incité à te comporter selon une stratégie planifiée, subtilement imposée. Les études universitaires sont de plus en plus chères, mais les gens n'y attachent aucune importance. Un pays inculte est plus facile à contrôler et à gouverner. Curieusement, les nouvelles sur le monde sont toujours déplaisantes ; le monde est incertain et redoutable, ce qui te provoque de l'insécurité, et une crainte à sortir de ta zone de confort, alors tu n'explores pas, ne découvres rien de nouveau et ne vois pas plus loin. D'après les voyages que j'ai réalisés, je dois dire que je n'ai pas ressenti cette insécurité.

Comme dit l'adage, **« aies ton peuple distrait, il se soumettra et tu le plumeras ».**

Les gouvernements encourageaient l'achat avec d'attrayants bénéfices fiscaux. Les banques concédaient des prêts sans conditions, et les agences immobilières proliféraient. Ils créèrent d'abord une nécessité inexistante, et vendirent ensuite ce qu'ils voulurent. Celui qui n'avait pas d'hypothèque n'était pas quelqu'un d'important, et était un inconscient pour dépenser son argent dans un loyer. Avoir une hypothèque était synonyme d'être heureux, et donc c'était l'apothéose. Les jeunes s'écriaient : « je suis heureux, j'ai enfin une hypothèque ! ».

Les gouvernements récoltaient d'avantage d'argent sur les impôts, et les banques concédaient des prêts, même en sachant que les gens ne pourraient pas les rembourser. Elles s'empareraient de leurs maisons pour les revendre postérieurement, appuyées par les gouvernements. Quand quelqu'un t'empreinte de l'argent et ne te le rend pas, tu ne peux rien n'y faire, c'est de l'argent perdu. L'Etat ne met pas tout son pouvoir à ton service pour que tu récupères ton argent, et ne te rembourse pas, mais il rembourse les banques, et le plus troublant, c'est qu'il ose le faire avec l'argent de notre retraite.

Un autre aspect des gouvernements, est qu'ils sont les seuls organismes autorisés à créer de l'argent ; ils impriment des billets, et décident de la conjoncture de l'économie selon leur appétence. Au même titre que les médias, ils ne sont pas coupables de tous les maux. Nous-mêmes les dirigeons, seulement, ils ont acquis les intelligences émotionnelle et financière. Ils jouent sur une émotion que beaucoup de personnes n'ont pas, ou n'y prêtent pas attention.

En même temps, les agences immobilières vendaient des quelconques habitations à prix d'or ; c'était la demande/offre. Une fois s'être renflouées, pour justifier la crise actuelle, l'on accusait les citoyens d'avoir vécu au-dessus de leurs moyens par leur faible capacité intellectuelle et leur productivité modérée ; d'avoir trop de vacances et jours fériés, qu'il faudrait écourter, et qu'il serait approprié de baisser d'avantage les salaires pour créer plus d'emplois. De cette façon, plutôt que de te rebeller contre le système, tu rejettes la faute sur ton entourage et sur toi-même, ce qui mène à la dépression. Le pays sera découragé, et n'aura pas la force de se battre pour ses droits. Il sera vulnérable face à l'austérité, et il voudra alors faire confiance en l'état, quand celui-ci promettra un futur meilleur. Il sera plus dépendent de ces mandataires qui le menèrent à cette situation.

50

Sans liberté, ni revendications, le changement sera inexistant. Entant que citoyens, nous faisons confiance à l'état, et à son système.

Tout ce résume au manque d'intelligence financière.

L'intelligence financière devrait être une matière scolaire obligatoire. L'endettement s'est produit car nous n'avions pas pris le temps de nous poser ces deux questions : « pour quelle raison, et pour quel motif avons-nous acheté tel ou tel produit». Si nous avions su les réponses, nous saurions que le motif est d'avoir obtenu une hypothèque, encontre partie de perdre la liberté, et que la raison était d'être heureux, en oubliant que le bonheur est un état d'âme interne, et non externe. Tu ne seras pas plus heureux étant propriétaire, qu'en étant locataire.

Vivre est un droit, même si cela comporte un prix.

Les hypothèques me font penser à un jeune couple que je connus dans un musée de Bilbao, lors d'une expo d'art gothique.
Noémie et Caroline : elles étaient des Asturies, et travaillaient dans un supermarché ; Noémie était à la boucherie, et Caroline, à la caisse. Elles avaient une fille de 18 ans, Louise, qui allait à l'université. Depuis sa naissance, elles mirent de côté 70€ mensuellement pour ses études. Elles étaient préventives, mais ne se sentaient pas capables d'économiser le 20% de leurs revenus mensuels, et préférèrent obtenir une hypothèque. Elles achetèrent un appartement pour ne pas avoir à payer de loyer une fois à la

retraite, ou pour le revendre, et se mettre en loyer avec le capital obtenu, et pouvoir ainsi mener une vie agréable. Elles prendraient leur décision le moment venu. Entretemps, il y eut un litige avec leur banque dû à la crise, en rapport à leur hypothèque; elles retirèrent donc leurs économies, et les investirent dans de l'or. Elles achetèrent des lingots, car elles savaient que c'était une valeur sûre. Une fois atteins les 840€ annuels, elles en achetaient davantage.

L'or n'est pas associé à une entité financière qui puisse faire faillite. Son avantage est que c'est de l'argent, et qu'il t'appartient intégralement. L'autre bénéfice, est que tu ne payes pas d'impôts sur l'or. Tu peux également le changer en espèce à tout moment, et à n'importe quel endroit dans le monde. Lorsque Louise décida d'étudier, ses parents vendirent l'or, en récupérant plus d'argent que celui qui fut investi, c'est-à-dire qu'il s'éleva à 16.500€. Louise voulait étudier l'économie et les finances, donc, elle avait déjà quelques notions sur les investissements et les intérêts. Elle investit l'argent sur un fond à 16% annuel, et paya ses études avec les intérêts. Après un an, elle disposa de 2640€ de bénéfices, et put ainsi payer son inscription à l'université sans avoir à toucher ses économies. Elle préféra reporter ses études pour un an, et obtenir plus de bénéfice sur le capital. Une fois terminées ses études, elle disposa encore de la totalité de ses économies, qu'elle destina à son projet de vie.

Lorsque tu investis dans de l'or, tu dois le faire avec discrétion, cela doit être un investissement confidentiel ; ne pas ébruiter cette information, car celle-ci est alléchante pour autrui. Je t'ai fait part de cet épisode, afin de te faire comprendre la différence entre obtenir une hypothèque avec crainte de ne pas avoir où te loger une fois à la retraite, et obtenir une hypothèque en pensant pouvoir profiter de ta retraite, sans avoir à payer de loyer.

Obtenir une hypothèque avec crainte de ne pouvoir la rembourser, et de n'avoir où se loger, provoque de l'anxiété, tandis qu'obtenir une hypothèque en pensant pouvoir profiter de ta retraite, sans avoir à payer de loyer, invite à l'optimisme et à se motiver à avoir des projets pour ta retraite. Avec l'argent que tu aurais investi dans un loyer, tu pourras voyager, aller à la mer, offrir des présents, etc…

Je réitère que tout dépend de ton attitude, et que c'est à toi de déterminer quoi faire, et toi seul décides comment cela peut t'affecter !

Maitrise tes pensées, et tu maitriseras ton mental !
Maitrise ton mental, et tu maitriseras ta conduite !

En référence aux impôts, prenons l'exemple d'un jeune étudiant qui décroche son premier emploi. En découvrant sa fiche de salaire, il reste perplexe, se rendant compte que celle-ci ne correspond pas à ce qui avait été convenu. Il ignorait que l'état s'en approprierait une partie, et qu'il deviendrait son membre fondateur, et capitaliste. Il ne pourra alors plus s'en défaire !

Les impôts prélèveront toujours une partie de tes revenus !

De là l'importance de l'éducation que t'ont inculqué tes parents, en référence à l'argent, et de leur relation avec celui-ci. Ils te disaient sûrement des phrases, telles que:

- L'argent ne tombe pas du ciel !
- L'argent est sale, il corrompt les gens !
- L'argent n'est pas si important !
- Tant que tu as la santé, pourquoi veux-tu de l'argent ?!
- Seul les avaricieux s'intéressent à l'argent !
- Pourquoi veux-tu de l'argent, si l'on a besoin de peu pour vivre ?
- Me prends-tu pour une banque ?!
- Les investissements sont dangereux. C'est une affaire de riche !

C'est navrant, s'ils t'ont inculqué ces propos, car ta relation avec l'argent ne peut être bonne, mais néanmoins, si tu te le proposes avec détermination, tu pourras le surmonter, et réussir dans les finances.

Pour mieux comprendre, je te l'explique avec cette image : L'eau qui oxyde une barre de fer, peut faire briller une barre d'acier. Cela démontre que ce ne sont pas les circonstances, mais la matière dont tu es conçu qui est important. Si tu es une personne en fer, l'eau t'affectera, mais si tu es une personne en acier, elle coulera.

Maintenant je vais te dire quelques mots sur la façon dont tes parents ton élevé.

Tes parents : premièrement, tu es le seul à décider si quelque chose t'affecte ou non. Si tu veux des raisons ou des excuses pour agir ou non. Les circonstances et ce que les autres font ou disent ne t'affectent pas. Ce qui t'affecte, c'est ta manière, à toi, de les interpréter. Rappelle-toi comment pensent les gens positifs : ils se rendent responsables de ce qu'ils pensent ou disent mais pas de ce que les autres interprètent. Applique-le à ton propre cas, ils ne sont pas responsables de ce que, toi, tu interprètes.

Une fois cela clair pour toi, tu peux à présent continuer ta lecture. Ils t'ont éduqué selon ce qu'ils savaient, selon ce qu'on leur a enseigné. Ils ont pu t'inculquer leurs peurs et leurs frustrations. Si tu leur demandes pourquoi ils faisaient telle chose ou telle autre, ils vont te répondre que c'était ce qu'ils croyaient qu'il fallait faire.

Lorsqu'ils te disaient "ne fais pas ceci ou cela car c'est mauvais ou dangereux", ils ne le faisaient pas avec une mauvaise intention. S'ils ont connu des pénuries, la faim ou la peur, ils voulaient, à travers l'éducation qu'ils t'ont donnée, que tu ne connaisses pas les mêmes déboires qu'eux. Ils ont vécu à une époque différente de la tienne, avec moins de technologies et de liberté de mouvement.

Tu ignores les situations qu'ils ont pu traverser et la manière dont elles les ont affectés. Lorsqu'ils ne t'ont pas acheté le vélo que tu voulais tant, ils ne savaient pas que c'était si important pour toi. S'ils parvenaient à comprendre que ce refus allait éveiller en toi la rancœur à leur égard, ils te l'auraient certainement achetée.

Rappelle-toi comment tu étais à 10 ans et observe aujourd'hui comment sont les jeunes du même âge. Vous ne vous ressemblez en rien. Eh bien imagine tes parents et tes grands-parents, ils se ressemblent encore moins. Analyse bien la situation et ne les rends pas coupables de tes problèmes. Si, au lieu de te concentrer sur ce qu'ils ne t'ont pas donné, tu te concentres sur ce qu'ils t'ont donné, tu verras que c'est plus que tu ne t'en rappelles. Ils t'ont donné à manger, de quoi t'habiller, ils ont payé tes études et même si tu crois que c'est leur devoir, ça ne l'est pas. En tant que parents, ils sont obligés, selon la loi, de ne pas te laisser mourir de faim ni de froid et de t'inscrire à l'école. A présent, pense à la nourriture qu'ils te donnaient ; je doute fort que ce n'ait été que du pain et de l'eau. Les vêtements qu'ils t'ont achetés, ce n'étaient sûrement pas des chiffons simplement faits pour te protéger du froid. L'école, en dehors de ton inscription, ils t'y ont emmené jusqu'au jour où tu as eu l'âge d'y aller seul.

Peut-être n'ont-ils assisté à aucune réunion de parents mais ça ne veut pas dire que tu n'es pas important à leurs yeux. De nombreux parents y assistent et, par la suite, n'apprennent rien, ils vont tout bonnement être de simples spectateurs. D'où l'importance de l'emplacement de ton point de vue, que j'ai mentionné précédemment. Pour préserver ton bonheur, concentre-toi sur ce que tu as et non sur ce qu'il te manque.

Si tu les rends responsables de tes malheurs, eux ou toute autre personne qui ne soit pas toi, tu laisses ton destin et ton train de vie aux mains d'autres personnes et c'est très triste. Tu te démontres à toi-même que tu n'as aucun pouvoir de décision sur la direction de ta vie et que rien ne dépend de toi. Si tu es père/mère, ou si un jour tu souhaites l'être, je te laisse quelques lignes d'éducation pour que tu voies comment tu peux influer sur l'avenir de ton enfant. Tu peux le guider de façon à ce qu'il soit une personne dépendante de tous, égoïste et matérialiste (parasite) ou, au contraire, de façon à ce qu'il soit une personne autonome, avec des valeurs et qui soit reconnaissante de ce qu'elle a (libre).

Parvenir à l'enfant parasite : c'est l'éducation la plus simple. Donne-lui tout ce qu'il te demande sans rien exiger de lui en échange. Fais-lui croire qu'on mérite tout, qu'il n'y a qu'à demander

56

pour obtenir. Il a des droits mais pas d'obligations. Il ne doit faire aucun effort pour atteindre les objectifs qu'il s'attribue. Comme pour nous il est le plus beau de la maison, il le sera également pour les autres. Lorsqu'il voudra quelque chose et qu'il ne l'obtiendra pas, la faute retombera sur les autres pour ne pas la lui avoir donnée. Il a toujours raison et quiconque ne le voit pas ainsi se trompe. Ne lui impose pas des limites et comporte-toi comme son ami, ainsi le jour où il se fâchera avec toi, il pourra te manquer de respect comme à n'importe quel autre ami. Gâte-le au plus haut point, ne le laisse jamais tomber et surtout, ne le gronde pas. Avec ces lignes de conduite, ton enfant ne saura pas se déplacer par lui-même de par le monde. Il cherchera toujours l'approbation des autres pour n'importe quelle chose. Lorsqu'il voudra quelque chose et qu'il ne l'obtiendra pas, il se sentira si frustré qu'il optera ou pour l'agressivité ou pour la soumission totale. Il laissera n'importe qui exercer son pouvoir sur lui, il sera ou rebelle ou soumis et il ne saura pas défendre ses idées.

Si tu souhaites également le conditionner dans les études pour qu'il étudie avec la peur d'échouer au lieu d'avoir envie d'apprendre et de réussir, inculque-lui ces peurs : répète-lui constamment que, s'il n'étudie pas ou s'il échoue, il finira comme le malodorant indigent sans dents qui dort dans la rue. Ton enfant associera l'échec à l'indigence et l'absence totale d'avenir et, lorsqu'il devra s'efforcer plus qu'à l'accoutumée pour réussir, il renoncera et s'angoissera en pensant à la vie qui l'attend. Il haïra les études, fera des crises de panique, ne voudra rien savoir d'elles, inventera n'importe quelle excuse pour ne pas étudier.

Parvenir à un enfant libre : dialogue avec lui, raisonne ton comportement envers lui et demande-lui des explications pour qu'il apprenne à s'exprimer et à donner son point de vue. Impose-lui des limites rigides : si c'est blanc, c'est blanc et pas gris. A la maison on suit des règles et s'il veut passer outre, qu'il explique ses raisons. Développe son indépendance, qu'il participe au sein du foyer : nettoyer, repasser et cuisiner. Ainsi, il connaîtra les efforts que cela suppose d'avoir un foyer accueillant et propre. Explique-lui le fonctionnement de l'argent pour qu'il l'estime. Parle-lui aussi de la mort, qu'il comprenne qu'à tout moment, toi comme lui, vous pouvez mourir. Pour qu'il ne dépende de personne ni de rien et qu'il profite de ce qu'il fait. Cette forme d'éducation supposera un effort supplémentaire de ta part mais, avec le temps, tu seras reconnaissant. L'idéal est de débuter dès qu'il commence à marcher, afin qu'il voie que son comportement a des conséquences. Avant tout, tu es son père ou sa mère, pas son ami. L'éducation d'un enfant est un apprentissage mutuel. Toi aussi tu en sors grandi.

Je poursuis avec les études universitaires, elles ne sont pas obligatoires. C'est pourquoi, si tu n'as pas les moyens de les lui payer, ne te sens pas frustré et ne te tourmente pas avec ça. De la même manière, même si tu les as, ne les lui finance pas intégralement, qu'il en paie une partie. Ainsi, il les estimera davantage. De cette manière, tu t'assures qu'il étudie quelque chose qui lui plaît et qu'il ne le fait pas pour ne pas travailler.

L'Etat accorde des bourses, qu'il s'efforce d'obtenir les notes nécessaires afin de pouvoir y prétendre. Il peut aussi travailler les week-ends ou les jours fériés. Ce n'est pas grave s'il termine les études plus tard que la normale. Par normale, on comprend les années stipulées pour les compléter. Personne ne lui certifie qu'il parvienne à trouver un emploi une fois ses études terminées ou qu'il ait la possibilité de monter sa propre entreprise.

Pour que tu voies que ce n'est pas si important, **je t'expose le cas d'Emma** : c'est une femme de 34 ans et c'est la procureur générale de l'Etat de Sofia en Bulgarie. Nous nous sommes connus en Transylvanie lorsque nous visitions le château du Comte Dracula.

Nous allions dans le même Tour et durant celui-ci, nous avons entamé une conversation et elle m'a raconté un peu son histoire. Elle est digne d'admiration. Elle a étudié et travaillé en même temps. Lorsqu'elle a réussi la sélection à 18 ans, elle n'a pas pu aller à l'université car sa famille n'avait pas les moyens financiers nécessaires pour payer ses études. En contrepartie, ses parents l'avaient éduquée de façon à ce qu'elle soit une jeune fille indépendante, qui sache avancer dans la vie sans dépendre de rien ni de personne. C'est le meilleur héritage que l'on peut donner à un enfant que de lui apprendre à se débrouiller par soi-même. Elle avait les idées très claires, elle voulait être avocate depuis qu'elle avait fêté ses 12 ans.

Elle s'est renseignée sur les bourses que concédait l'Etat aux étudiants, elle a fait des calculs pour savoir à combien s'élevait le style de vie qu'elle souhaitait mener et elle a immédiatement commencé. Les 5 années d'études s'élevaient à 12.500€. Chacune coûtait 2.500€. C'est le prix d'une voiture. Elle a travaillé durant 4 ans pour pouvoir les économiser et elle s'est attelée à la tâche. Elle s'est inscrite à l'Université de Salamanque. Tous les matins, elle allait en cours et tous les après-midis, elle étudiait à la bibliothèque. Elle travaillait les week-ends, les jours fériés et durant les vacances.

Avec les bourses qu'elle touchait, elle pouvait payer son logement d'étudiante, avec ses économies, les études et avec ce qu'elle gagnait au travail, elle vivait petit à petit, au jour le jour. Elle a commencé à étudier à 23 ans et a terminé sa Licence en Droit à l'âge de 28 ans. Plusieurs de ses camarades qui ont terminé leurs études à 23 ans se retrouvent actuellement au chômage. Tout cela afin que tu constates que l'âge auquel tu les termines n'importe pas, ce qui importe c'est de les terminer. Ces 5 années ont été bien dures, mais elle m'a affirmé que ça en a mérité la peine. Dans ce cas, Emma n'a pas voulu investir parce qu'elle ne voulait pas dédier son temps à acquérir de l'intelligence financière car son objectif était de terminer son parcours le plus tôt possible. Mais elle a rempli une partie très importante des investissements, celle qui consiste à économiser et acquérir de l'intelligence émotionnelle.

Lorsque tu te focalises sur une chose et que tu la poursuis de toutes tes forces, tu y parviens. Du moins, ce qui dépend de toi. Continuons avec la seconde question de l'investissement.

La seconde question est : combien d'argent suis-je prêt à perdre ?

Car la seule chose qui est certaine avec les investissements, c'est que l'on y perdra. On peut également y gagner, c'est pour cela que l'on investit. Mais c'est comme tout, la seule chose qui est certaine, c'est que l'on mourra. Un facteur très important à prendre en compte est les émotions. Comme je l'ai mentionné précédemment, celles-ci sont laissées à la maison lorsqu'il s'agit d'investir. Il faut les séparer de l'argent. Car lorsque tu es très content, tu peux acheter à un prix trop cher et lorsque tu es triste, tu peux vendre à un prix trop bas. L'affaire se fait au moment de l'achat et non au moment de la vente. On achète à un prix bon marché pour vendre plus cher.

Même si cette règle paraît évidente, beaucoup de gens la contournent. Cela vaut pour n'importe quel investissement, qu'il s'agisse de biens immobiliers, de terrains, de matières premières, etc. Un pêcheur achète son poisson à un prix et le vend à un prix plus élevé ; plus le prix d'achat du poisson qu'il aura acheté sera bas, plus il sortira de bénéfices de la vente. Il faut faire preuve de sang-froid dans les investissements ; si tu ne t'en sors pas, il vaut mieux que tu n'investisses pas. C'est comme un jeu, on gagne et on perd et il faut en être conscient. Demande-toi : que se passe-t-il si tu perds 10% de ton capital ?

Si tu ne penses pas connaître de pénuries ni de mal être, investis. Ce qui importe, c'est de savoir que tu peux y gagner. Avec une bonne intelligence émotionnelle et financière, tu sauras où investir et comment.

Troisième question : ai-je pris en compte les trois variables ?

- Délai

- Rentabilité attendue

- Risque(s) encouru(s)

- Le délai : c'est le temps qui va passer avant que tu puisses tirer de l'argent de ce produit.

- La rentabilité attendue : deux concepts très importants doivent être clairs, la rente fixe et la rente variable.

- Rente fixe : on connaît à l'avance les bénéfices obtenus, cela peut se dérouler en mensualités ou sur une année. Généralement, on a l'habitude d'en tirer plus de bénéfices qu'avec la variable, mais tu assures une entrée de capitaux sûre, comme par exemple : les biens immobiliers et les produits bancaires.

Les biens immobiliers : tu possèdes un local, un parking ou une habitation que tu loues pour une certaine somme d'argent mensuellement ou annuellement.

Les produits bancaires : dépôts ou fonds d'investissement. Les fonds peuvent être fixes autant que variables.

- Rente variable : dans ce cas, on ne connaît pas à l'avance les bénéfices. Ils dépendent de divers facteurs, comme les hausses et baisses du marché. Par exemple : les actions, les fonds d'investissement ou une propre affaire. L'important, c'est de savoir quand entre l'argent et si tu dépends de lui à ce moment.

- Le(s) risque(s) encouru(s) : c'est la capacité à affronter l'aversion au risque. Décider s'il est mieux de gagner quelque chose et de ne rien perdre ou, en revanche, de gagner assez avec le risque de perdre quelque chose.

Puisque je parle des rentes, je reviens sur le cas des jeunes qui hypothèquent et passent outre la troisième question. Celle des trois variables :

Le délai, la rentabilité attendue et le(s) risque(s) encouru(s)

Mais le pire de tout, c'est qu'ils ne font pas le distinguo entre les deux rentes. La plupart se sont empêtrés dans des quotas variables, c'est-à-dire en rente variable, mais pour la banque. Ils ne cherchent pas à savoir s'ils achètent cher ou à bon prix, ils le font aveuglément, laissant les possibles bénéfices aux mains du hasard. Ils ne savent pas quand ils vont récupérer leur investissement ni combien ils vont gagner -ou simplement récupérer-.

Tu leur demandes à combien ils ont payé le mètre carré et à combien ils le vendraient et ils n'ont pas la moindre idée de ce que tu leur racontes. Ils croient que le prix se calcule en fonction des pièces de l'habitation. Au lieu de se faire conseiller par des professionnels du secteur financier, ils se font conseiller par des membres de leur famille, des amis, des connaissances ou pire encore, par des agences immobilières, pour qui la seule chose qui importe, c'est de vendre. C'est comme acheter un véhicule d'occasion, le vendeur te dira que c'est une affaire en or et le meilleur achat que tu puisses faire.

Si tu souhaites apprendre à jouer au football, tu ne t'entraîneras pas avec une équipe de basket-ball. Chacun est bon sur son terrain. Investis de l'argent et du temps à te faire conseiller et à te préparer avant d'acquérir tout investissement. Cela conditionnera ton présent et ton possible avenir.

On se rend dans une agence immobilière pour orienter ses choix quant au prix moyen du marché, dans une banque pour demander une hypothèque, on rend visite à un conseiller financier pour s'informer de la viabilité ou non de l'hypothèque. Si tu veux monter une affaire, tu dois envisager toutes les options. Car si elle fonctionne, tu pourras en vivre, mais si elle ne fonctionne pas, tu peux te ruiner ou pire encore, être endetté pour très longtemps.

Tu achètes la marchandise pour la vendre en espérant récupérer les capitaux investis en plus de bénéfices sur la vente. Comme tu le verras, tout investissement comporte un risque, qu'il -ton investissement- soit bancaire, immobilier ou qu'il consiste à monter ta propre affaire. Décide de ce qui te dédommage le mieux et passe à l'action. Mais n'oublie pas les impôts, tous les produits ne sont pas soumis au même. Comme ils sont différents dans chaque pays, je ne vais pas approfondir là-dessus.

En parlant d'affaires, il m'est venu à l'esprit l'histoire de **Marcos** et **Lucía** : c'était un couple madrilène que j'ai connu à Rio de Janeiro, sur la plage de Copacabana. Ils étaient en lune de miel.

Tous deux se consacraient à l'informatique et travaillaient pour une grande entreprise installée dans le centre de Madrid. Leur vie était agréable et ils étaient heureux, ils avaient 2 enfants. Des amis de Lucía tenaient un restaurant sur la côte de Málaga et comme dans quelques années ils allaient partir à la retraite, ils voulaient le céder.

Marcos avait toujours aimé l'hôtellerie puisque ses parents tenaient un bar dans la périphérie de Madrid, un jour il avait donc dit à Lucía qu'ils pourraient ouvrir un restaurant. La dite cession s'élevait à 15.000€. Ils y ont réfléchi sérieusement et ont fait les comptes. Ils se sont intéressés à la manière d'acquérir de l'intelligence financière et émotionnelle, puis ils ont commencé à économiser et à investir. Dans ce cas, l'intelligence émotionnelle était pour pouvoir laisser cet argent sans y toucher.

Il est très curieux de posséder de l'argent, car dès que tu as quelques économies, de nouveaux besoins se manifestent à toi. Ils économisaient chaque mois 300€. Au bout d'un an, lorsqu'ils avaient déjà 3.600€, ils les ont placés dans un fonds d'investissement qui leur rapportait 9%. En moins de quatre ans, ils ont réuni les 15.000€. Ils ont pu obtenir l'établissement et s'installer et n'ont demandé qu'un prêt de 8.000€ pour le remodeler un peu ; aujourd'hui, ils vivent comme ils le souhaitent. Ils remboursent peu à peu leur prêt avec ce qu'ils gagnent dans ledit établissement.

Puisqu'ils pratiquent déjà l'intelligence financière, ils connaissent la différence entre une mauvaise dette et une bonne dette.

La bonne, c'est celle que l'on exige pour investir, celle que l'on rembourse avec ce que l'on gagne, c'est-à-dire qu'elle se paie seule. La mauvaise, c'est celle que l'on demande pour sa propre consommation, c'est-à-dire que tu la payes toi.

A Hong-Kong, j'ai connu un homme qui m'a dit une phrase très intéressante :

Change ta manière de penser
et ton monde changera.

Il a également ajouté «si tu souhaites connaître le niveau de culture d'une personne ou de ton entourage, demande-leur quels programmes de télévisions ils regardent et quel type de presse ils lisent. Suivant leurs réponses, tu sauras quels sujets aborder avec eux et tu ne seras pas surpris par leur conduite. Tu vas économiser un tas de discussions. Apprends à te mettre à la hauteur des autres, tu peux toujours revoir à la baisse ton niveau culturel. Le jour où tu voudras obtenir quelque chose d'eux, tu sauras par où entrer.

En sachant cela, j'ai changé de fréquentations. Ça a été une des meilleures décisions que j'ai prises depuis longtemps.Mon entourage ne m'invitait en rien à investir, pourtant il est très important de savoir avec qui tu fais affaire. Je me suis débarrassé des personnes toxiques et négatives et je me suis approché des personnes positives et optimistes pour m'intéresser à leur vision, bien à eux, du monde.

J'étais fatigué d'entendre toujours les mêmes histoires. A quel point le monde va mal ; l'économie. Lorsque je voyage, je ne vois pas cela ; il y a de tout mais surtout, je vois des gens joyeux et heureux. Je ne pouvais ni ne voulais croire que le monde était un endroit si triste et, effectivement, en voyageant et en connaissant d'autres personnes, d'autres lieux et manières de penser, je peux l'assurer : le monde est merveilleux.

Nous avons tant de raisons de sourire et d'être joyeux que, si je commence à les nommer, je crains de devoir y consacrer trois livres entiers. Sourire, c'est formidable. Tant que tu souris, tu ne souffres pas et tu oublies les mauvais moments. C'est un état de bonheur absolu. Imagine-toi sourire chaque jour au moins 4 heures. Ça ne demande aucun effort.

Tu peux sourire tout en faisant n'importe quelle autre chose et le meilleur de tout, *c'est que c'est gratuit*. Il y a des personnes qui sont riches et qui ne sourient pas. Le monde est un endroit plein de possibilités pour faire tout ce que tu veux. Il est fait de telle sorte que tu puisses vivre à jamais heureux si tu le souhaites. Il n'a pas été créé pour aller à l'encontre de ce que tu veux, ça n'aurait pas de sens. La vie est si merveilleuse, belle et simple que, en l'expliquant, elle paraît compliquée et recherchée. Simplement, elle ne te mâche pas tout le travail, mais elle t'a doté d'une intelligence et de motivation afin que tu prospères et que tu vives comme tu le veux. Tu ressens des émotions et de la douleur afin de pouvoir décider entre ce qui te plaît et ce qui te fait du mal.

Si tu suis les 4 lois de la nature, tu verras que c'est très simple :

- S'il fait froid, abrite-toi.

- S'il fait chaud, découvre-toi.

- Si tu veux quelque chose, demande-le.

- Si tu ne veux pas quelque chose, refuse-le.

Nous n'avons que 3 obligations : respirer, nous alimenter et nous reposer. A partir de là, tout le reste n'est que préférences.

Si tu exécutes ces simples lignes, tu ne connaîtras qu'abondance et bien-être. Il y a des montagnes, des mers, des fleuves, des déserts, des prés gigantesques dont la vue ne parvient pas à voir le bout. Si tu nais en un lieu ou en un autre, tu es limité et conditionné par la culture, la religion et l'économie dudit lieu. Mais tu peux toujours émigrer, changer de lieu et de croyances.

Nous sommes libres d'agir. Nous, qui vivons dans le dénommé premier monde, sommes réellement chanceux.

Cela ne dépend que de ton attitude lorsqu'il s'agit d'affronter les situations. Si tu es conscient de cela, tu pourras te concentrer sur ce que tu possèdes déjà, autant sur ce qui est matériel que sur ce qui relève de l'émotionnel et tu verras combien la vie est merveilleuse. Sois reconnaissant du simple fait d'être vivant et de pouvoir prendre ton petit-déjeuner chaque matin.

Nous avons la possibilité de vivre comme nous le voulons, c'est pourquoi je trouve cela étrange qu'il y ait des gens qui ne le fassent pas. Nous avons ce que nous voulons. Nous sommes de passage ici, qui plus est pour être heureux. Si nous vivions sous une dictature, vous souhaiteriez avoir de la liberté de mouvement et de pensée, toutefois nous vivons en démocratie et vous n'agissez pas. Vous ne vivez pas comme vous le souhaitez mais comme on vous dit de vivre, en acquérant des obligations superficielles et des manières de penser et d'agir étrangères aux vôtres.

Garde une chose vraiment présente à l'esprit : lorsque quelqu'un viendra à toi avec ses problèmes, rappelle-toi que ce sont les siens, pas les tiens. C'est très bien d'aider les autres, mais dès que ça commencera à t'affecter un tant soit peu, éloigne-toi.

Il existe une loi universelle très curieuse dénommée : donner pour recevoir.

Donner pour recevoir : si tu veux recevoir, tu dois aussi donner, mais pas à n'importe quel prix. Si tu n'as pas, ne donne pas. Si tu peux aider, parfait, fais-le. Mais si tu ne peux pas, ne le fais pas. Le simple fait d'être conscient que tu veux aider mais que tu n'as pas de quoi le faire est déjà suffisant pour que tu reçoives. Cette loi n'est pas aussi exacte qu'un boomerang, ne la prends pas tant au pied de la lettre. De la même manière, tu ne dois donner que si tu en as envie, ce n'est pas une obligation. Tu reçois en général la moitié de ce que tu donnes, mais ça ne se passe pas toujours ainsi. C'est une statistique et nous savons tous que c'est la science la moins exacte qui existe. Si, toi, tu as deux voitures et moi aucune, selon la statistique nous en avons une chacun. Pire encore, toi tu gagnes 3.000€ et moi 1.000€, comme toi et moi nous gagnons 4.000€, la statistique dit que nous gagnons 2.000€ chacun.

Mais ça n'est pas de trop que de donner un peu de temps à autre, même si c'est uniquement pour voir si la loi fonctionne.

Personne ne vient en te disant :

–   "Ecoute, je suis content, je t'invite à manger, boire quelque chose" ; ou, simplement, il te cherche pour t'informer que tout va bien. C'est au contraire :

–   "Ecoute, ça va mal, prête-moi de l'argent" ; ils te cherchent pour te raconter leurs chagrins et puis ils s'en vont tout aussi tranquilles et toi, tu as ingéré leurs problèmes et tu te les appropries avec le mal être que cela comporte.

De nombreuses personnes ont essayé de me convaincre que dans ce monde, on ne se dirige que vers la souffrance. Je ressens de la compassion pour eux mais je les comprends. Ils sont enfermés dans une cellule mentale, vivent sous le joug de ce que l'on appelle en psychologie "IMPUISSANCE APPRISE". Je l'écris en majuscules pour que tu voies son importance, cela peut te conditionner à vie.

Impuissance apprise : se réfère à la condition d'une personne après qu'elle a appris passivement certaines croyances, se convainquant qu'elle ne peut rien faire pour changer la situation.

Ceux de ton entourage -cela va de ta famille au voisin que tu salues à peine- peuvent créer en toi une impuissance apprise. Ils peuvent te noyer dans leur négativité uniquement en les écoutant et en interagissant avec eux. Chaque fois que tu voudras faire quelque chose de différent, ils vont t'en empêcher à l'aide de leurs commentaires. A la longue, tu croiras que tu ne peux rien faire pour changer cette situation et tu t'y résigneras.

Je t'ajoute deux exemples pour que tu voies à quel point ton entourage peut te conditionner :

Chercher un emploi : Diego est un jeune homme qui cherche du travail ; chaque fois qu'il a un rendez-vous, les critiques qu'il reçoit de ses parents et de ses amis lui reviennent à l'esprit. Ils lui disent qu'il n'est pas préparé pour ces postes, qu'ils sont d'une trop grande responsabilité pour lui. Le fait de céder et de ne pas y aller le met en situation de mal-être car ça lui donne beaucoup d'illusions. Il s'est résigné à chercher du travail. Il a appris que même s'il en trouve, le jour du rendez-vous, il ne s'y rendra pas.

Cela fait déjà 2 ans qu'il est au chômage mais il a abandonné l'idée de chercher davantage, il est incapable de chercher une autre solution et d'analyser les raisons qui font qu'il se laisse influencer par les autres. Il a accepté la croyance selon laquelle il n'est pas suffisamment bon pour ces postes.

Le pâtissier : Il y avait un pâtissier très triste dans un hameau ; ou il vendait plus de gâteaux, ou il devrait fermer son affaire. La plupart des habitants lui disaient que ses gâteaux étaient très sucrés, ce qui produisait chez eux de l'inconfort, c'est pourquoi ils n'en achetaient pas. Un jour, il décide de se présenter au concours national de pâtisserie de la région et, à sa surprise, le gagne. Le comité de direction du concours le récompense en lui offrant deux pâtisseries de plus qu'il peut placer dans n'importe quel hameau de la région.

Le pauvre homme renonce à elles, alléguant qu'il n'a pas eu de chance, reconnaît qu'il est mauvais pâtissier puisque dans son hameau il y en a déjà une et elle est sur le point de faire faillite. On lui demande dans quel hameau il l'a installée et il répond dans le dernier de la région. Le comité de direction se met à rire aux éclats. De quoi riez-vous ? - leur demande le pauvre homme, surpris. Dans ce hameau, la plupart des habitants sont diabétiques et ont interdiction de manger des sucreries, lui répondent-ils.

**Ne laisse personne te juger. Avant de te sentir mal à cause de cela, analyse ton entourage.**

Personne ne peut dire que tu ne vaux rien, pas même toi. Peut-être n'es-tu pas bon sur certains aspects mais je doute fort que tu ne te démarques pas en quelque chose. Nous sommes tous bons en quelque chose, *cherche donc cette chose !*

Tu ignores si l'on te juge pour ton bien ou, au contraire, si on le fait parce qu'on t'envie et qu'on veut te blesser.

Comme les produits bancaires m'intéressaient, j'ai décidé d'en devenir un expert ; je lisais des revues, des journaux et des livres. Je regardais des vidéos d'économie sur Internet et me suis rendu à divers séminaires pour finalement devenir l'expert que je suis à présent. J'ai extrait tout le jus possible d'Internet, nous disposons d'informations de grande valeur à portée de mains et gratuitement. D'où l'importance des intelligences émotionnelle et financière. Si tu n'en jouis pas, ces informations passent inaperçues à tes yeux ; c'est comme écouter une chanson dans une langue étrangère : elle te plaît mais tu n'as pas la moindre idée de ce que signifient les paroles.

J'ai cessé d'aller à la banque pour m'informer de l'état de mon compte et j'ai commencé à m'intéresser auxdits produits. Je posais des questions sur tout sujet qui leur était relié et si une chose n'était pas claire, j'insistais jusqu'à ce que je la comprenne. La banque et les agences d'assurances sont comme le bar : tu dois y aller avec calme et sans précipitation. De la même manière que tu souhaites bien digérer ton déjeuner, tu souhaites que les investissements et les assurances que tu solliciteras te donnent autant de satisfaction.

Puisque j'ai mentionné les agences d'assurances, il s'agit d'une autre forme d'investissement, pas pour gagner de l'argent mais en ce qu'elles te permettent de dépenser moins, ce qui revient quasiment à la même chose. J'ai sollicité une assurance privée pour qu'elle me couvre la partie que la sécurité sociale ne me couvre pas.

A ce moment, mon seul revenu était ma fiche de paie ; si je tombais malade, si je ne pouvais pas travailler, j'allais gagner moins ce mois-là et je ne pouvais pas me le permettre. Même si le quota mensuel ou annuel paraît élevé, en réalité il ne l'est pas. Lorsque tu vas chez le médecin, chez le dentiste, à l'hôpital, etc., la facture est généralement élevée. En ayant cette assurance, tes frais sont compensés et équilibrés. Préserve la couverture de tes besoins médicaux et ne lésine pas là-dessus.

"Un organisme malade n'est ni productif, ni rentable."

Connais-tu la seule chose qu'une personne d'un pays pauvre envie à une autre personne d'un pays riche ? Sa santé. Dans les pays riches, nous y avons tous accès. Cela, j'ai pu le vérifier lorsque je suis allé en Inde, à New Delhi. Là-bas, j'ai connu **Aryam**.

Je prenais mon petit-déjeuner chaque jour à son poste ambulant. A force de me voir là, nous avons noué amitié et il m'a un peu raconté sa vie. Il avait vécu et travaillé à Barcelone durant 15 ans. Economisant et investissant, il a réuni un peu d'argent et est revenu à sa ville natale. Il a monté ce poste et, maintenant, en vit. Il vit comme il le veut.

Des observations faites par lui m'ont donné à réfléchir :

- Comment se peut-il qu'en Europe, malgré l'accès à la santé publique, des gens ont les dents pourries ou, pire encore, n'en ont pas ? Les gens souffrent également de dépression et d'angoisse à des niveaux très élevés.

- En lien avec la première question, deux raisons sont en jeu, lui ai-je répondu : ou bien ils ont des problèmes de gencives et cela pourrit leurs dents ou bien ils préfèrent dépenser leur argent dans des objets matériels pour paraître ce qu'ils ne sont pas. Mais c'est un sujet que je traiterai plus en avant : les apparences.

Quant à la seconde, c'est un sujet très délicat. Notre société nous incite à entrer dans un cercle vicieux fort dangereux et contagieux, on veut nous insuffler une joie artificielle.

« Je suis heureux avec ce que l'on me vend et non avec ce que je suis. »

En contrepartie, une fois que tu obtiens ledit objet, une fois que tu crois être heureux, ils en sortent un nouveau et te font croire une nouvelle fois que tu ne l'es plus, sauf si tu te le procures. C'est le serpent qui se mord la queue.

Dans les pays pauvres, les gens luttent pour survivre, c'est pourquoi ils ont d'autres valeurs sociales et n'ont pas de temps à accorder à des bouleversements mentaux comme ceux-là. Ils sont conscients que leur lendemain n'est pas garanti, alors ils vivent le présent. Dans les pays plus avancés, comme tous nos besoins basiques sont déjà satisfaits, nous cherchons à remplir le temps qu'il nous reste. On croit que notre lendemain est garanti. Comme je suis vivant aujourd'hui, pourquoi pas également demain ?

Quand les gens ont du temps et qu'ils n'en profitent pas pour en faire quelque chose de productif, ils s'ennuient. Ils commencent à se préoccuper de détails qui n'ont pas d'importance, à tourner et retourner les choses dans leur tête et finissent par désirer ce qu'ils n'ont pas et regretter ce qu'ils ont perdu. Puisque j'ai mentionné le lendemain, je poursuis avec la mort.

La mort : elle est inéluctable et nous rappelle que nous sommes en vie. Il faudrait y penser un peu plus, mais de façon positive. C'est une route à contre-courant, contre la vie. Si tu sais que tu vas mourir, pourquoi ne fais-tu pas ce qui te rend heureux ? Si c'est à cause du qu'en dira-t-on, je te rappelle que c'est toi qui vas être dans la tombe ou l'incinérateur, pas les autres. Personne n'a le droit ni l'autorité de te juger.

Seule la justice peut le faire et nous l'avons créée nous-mêmes. Pour avoir des lignes de conduite acceptables. Du moment que tu ne t'en écartes pas, fais ce que tu veux. En parlant de justice, il m'est venu à l'esprit le cas de Marta, une jeune fille que j'ai connue à Tempere, une ville finlandaise très mignonne. C'était la fille du commissaire de la ville. Elle avait un terrible complexe physique : elle souffrait de surpoids à cause de sa thyroïde.

Marta : Elle avait 23 ans. En été, tous ses amis se rendaient à la piscine. Elle, cependant, restait à la terrasse du bar, regardant comment les autres se baignaient et s'éclataient. Nous nous sommes connus dans ce même bar. Je lui ai demandé pourquoi elle ne se baignait pas avec ses amis et elle m'a répondu qu'elle n'aimait pas être en maillot de bain. En parlant plus en détails, je me suis rendu compte que son vrai problème était que l'opinion que pouvaient avoir les autres de son corps la préoccupait. Comme c'était une ville qui m'a beaucoup plu, j'y suis resté 5 semaines.

J'ai décidé de l'aider à chasser ses idées irrationnelles et ses pensées négatives sur elle-même. A force de lui demander pourquoi l'opinion des autres était si importante pour elle et après une bonne thérapie cognitive et comportementale, elle est parvenue à se baigner sans craintes. Elle s'est beaucoup impliquée et a avancé à un rythme fulgurant.

Lorsque tu imagines réellement la possibilité de mourir, beaucoup de problèmes que tu as cessent d'être aussi importants.

Il faut également, sans en arriver à cet extrême, se demander :

- Que nous apporte l'opinion des autres ? -qu'elle soit bonne ou mauvaise-.

- Si nous faisons cas de cette opinion, nous sentirons-nous mieux ?

- Qui prendre en considération, ceux qui nous jugent mal ou ceux qui nous veulent du bien ?

Cette troisième question est la plus importante parmi les trois.

Pourquoi fait-on toujours attention à celui qui nous veut du mal et non à celui qui nous veut du bien ?

Réfléchis-y et rappelle-toi que si la justice ne te l'interdit pas, c'est que tu peux le faire. ***Fais-le !***

Seule l'opinion que pourrait avoir de toi tes chefs et ta famille directe (conjoint(e) et/ou enfants) peut t'importer. Les premiers, car ils te conditionnent économiquement et les seconds, émotionnellement. Ces deux groupes symbolisent ton bien-être économique et social. Tant que tu t'entendras bien avec eux, tout ira bien pour toi. Sais-tu ce qui fait que le monde ne s'arrête pas ? Ces deux groupes. L'argent et l'amour qui, additionnés, donnent le pouvoir. C'est pourquoi, si tu jouis d'une intelligence financière et émotionnelle, tu ne seras pas si vulnérable. Pour reprendre le sujet de la mort, nous connaissons tous des gens qui ont perdu un être cher, ou nous les avons perdus nous-mêmes. Lorsqu'un être cher meurt, on tend à penser que la vie est dégueulasse, qu'on ne fait que la subir et qu'elle se compte en jours, c'est pourquoi il faut en profiter. Mais, très vite, on l'oublie et on revient à la même routine.

Les personnes meurent pour nous montrer, à nous qui sommes vivants, qu'il faut vivre comme nous le sentons et pas comme on nous laisse vivre. La mort existe pour que tu vives. Au lieu de te concentrer sur la partie négative, c'est-à-dire l'absence de cette personne que tu aimes tant, concentre-toi sur le message qu'elle t'a laissé. Agis et vis comme tu le souhaites.

Si tu es croyant, c'est génial, elle sera avec ton dieu. Le seul inconvénient c'est l'absence qu'elle t'a laissée. Plus encore, ton dieu te met à l'épreuve, car je doute fort qu'il agisse contre toi : il sait que tu l'adores et il veut t'aider. Ce qu'il veut, c'est que tu utilises ton attitude pour vivre comme tu en as envie. Pour cela, il t'a doté de la capacité à choisir et d'émotions. Avec ces deux capacités, ton attitude se forme et, qu'il soit bon ou mauvais, c'est toi qui décides. Dieu ne veut pas tant de lamentation ni de résignation.

Prie comme si tout dépendait de lui, mais travaille comme si tout dépendait de toi.

Tu es ici de passage, ôte-toi de la tête que tu es immortel et que seuls les autres meurent. Si tu n'es pas croyant, c'est tout aussi génial. Renforce tes théories quelles qu'elles soient. Comme je l'ai mentionné précédemment, tu as les capacités nécessaires pour vivre comme tu le souhaites. Le message est le même : mets à profit le temps qui t'est imparti. Tant que tu restes en vie, tout est possible. Déprogramme toutes tes idées irrationnelles et recommence à zéro. C'est plus facile qu'il n'y paraît ; relis plus en arrière et rappelle-toi des quatre lois de la nature. Suis-les à la lettre.

Lorsque tu auras un problème si grand qu'il t'empêche de vivre en paix, regarde-le de l'extérieur ; imagine que tu es une autre personne et que tu te vois en ce moment. Que te dirais-tu ? Quels conseils te donnerais-tu pour dépasser ce coup dur ?

Il est certain que, lorsqu'un ami ou un membre de ta famille a perdu un être cher, tu lui en as donné, quel qu'il soit et tu te sentais bien lorsque tu voyais qu'il te prenait en considération et que son état d'esprit s'améliorait. Ça ressemble à un mensonge mais on voit les problèmes différemment de l'extérieur, ils prennent une autre dimension. Ils sont plus objectifs.

Quel que soit le problème que tu aies, il est subjectif. Transforme-le en réalité, fais-en quelque chose d'objectif et tu verras que ce n'est pas si grave. La plupart des préoccupations que nous avons n'aboutissent pas. Lorsque tu en fais quelque chose de réel, tu trouves la solution. Si tu ne fais que divaguer en te disant « je ferais ceci ou cela », tu ne vas pas arrêter de penser et de tourner et retourner l'affaire. Au contraire, lorsque tu en fais quelque chose de réel et que tu les affrontes, tu agiras afin de dépasser ce mal-être. Cependant, si même comme cela tu ne le dépasses pas, imagine-toi la pire situation, que peut-il arriver ? Et à partir de là, tu trouveras la solution.

De temps à autre, il faut aller se balader dans le cimetière et chercher des photos de personnes de notre âge. Les regarder fixement et nous rendre compte que, elles, elles ne sont plus de ce monde et qu'elles ne peuvent rien faire. Toutefois, nous, nous continuons notre vie ici.

Soyons heureux et faisons ce qui nous plaît réellement. Demain, peut-être que ce sera toi celui de la photo et moi, celui qui te regardera.

Ensuite, simplement, la dépression c'est penser trop au passé et l'angoisse, trop au futur. A partir de là, on pourrait approfondir plus le sujet mais je ne le ferai pas, il existe déjà beaucoup de livres et de documentaires spécialisés.

Essaie la chose suivante : passe une semaine en pensant à quel point ta vie se passe mal, tu ne parles plus à ta famille, tu te sens mal au travail et lorsque tu arrives à la maison, tu te sens seul(e). Tu verras comment tu finis. *Triste et mélancolique !*

A présent, fais cette autre chose : pense trop, à n'importe quel problème que tu as, que feras-tu demain et après-demain ? Lorsque tu seras au lit, au lieu de dormir, continue d'y penser et tu verras comment tu termines. *Angoissé(e) !*

Je nuance un peu au sujet de l'angoisse, elle est également due au fait que nous avons plus d'options de choix. L'éventail est si large et tu as tant de possibilités que tu commences à douter. Tu ne sais pas laquelle choisir.

- Tout ce que tu m'as raconté m'a plu mais j'ai encore mes doutes. La vie que je mène n'est pas si mal et je ne sais pas si elle mérite de prendre un tel risque. Je crois que je ne vais pas investir et je me contenterai de celle que je mène.

Comme tu l'as si bien dit, je suis heureux. En plus, j'ai une fille et je ne dispose pas d'autant de temps que toi.

- Laisse-moi te dire une chose. Ces deux excuses sont vos excuses préférées à vous, les gens qui ne voulez pas vous efforcer d'atteindre vos rêves. Je te rappelle que la journée dure 24h pour tous, tu as été enfant avant d'être père et célibataire avant d'être en couple. Nous nous connaissons depuis le premier jour et tu as toujours donné la même excuse. Je n'ai pas le temps, par contre tu l'avais pour aller faire la fête et dormir jusqu'à midi les week-ends, ça oui. Mais quand tu as passé le permis de conduire, tu avais du temps ? Tu donnais la même excuse, je n'ai pas de temps. Mais une fois, tu as voulu le passer, tu t'es organisé et tu l'as obtenu. Tu as étudié et tu as réussi les examens, pas vrai ?

Tout dépend de tes préférences, de ce que tu veux obtenir à ce moment. Cette excuse est la meilleure pour dire : je n'ai pas envie.

De la même manière, celle disant « j'ai un enfant » est aussi très bien pour justifier tout acte qui requiert des efforts. Dis-moi plutôt : je n'ai pas envie de me compliquer la vie et de chercher d'autres sources de revenus.

Je vais te raconter une dernière histoire pour que tu voies que tu as tort quant au manque de temps et que par le simple fait d'avoir une fille, tu ne puisses rien faire.

Laura : elle est mère célibataire et c'est ma voisine. Elle a 32 ans et une fille de 8 ans. Lorsque la petite avait 3 ans, le mari est mort d'un cancer. Imagine le panorama, elle avait 27 ans et une fille de 3 ans. Elle travaillait dans une cafétéria et gagnait le salaire minimum. Elle s'est renseignée sur les aides qu'offrait l'Etat dans ces situations et grâce à elles, elle a pu s'en sortir.

Après 8 mois, elle a vu que ce n'était pas une vie : avec son salaire elle n'avait pas de quoi s'accorder des plaisirs et ne pouvait rien acheter qui ne soit pas de l'ordre de l'indispensable pour survivre. Elle était heureuse mais elle voulait mieux vivre. Elle ne connaissait que trop mes théories sur l'économie et le bonheur mais elle ne les a jamais mises en pratique. En revanche, son mari, oui, en a mis quelques-unes en pratique, comme celle qui consiste à économiser chaque mois 20% de ses revenus. Grâce à ces économies, il disposait de 17.000€ sur son compte bancaire.

Elle a demandé une augmentation à son chef mais celui-ci la lui a refusée. Alors, elle lui a demandé comment elle pouvait faire pour gagner plus d'argent sans devoir faire plus d'heures extra. Elle travaillait déjà 10 heures par jour et n'avait qu'un seul jour libre par semaine, elle voulait également disposer de temps pour être avec sa fille. L'idée d'abandonner son emploi lui déplaisait car c'était une entreprise sérieuse, proche de sa maison et elle avait de bons collègues de travail. La réponse de son chef a été qu'il avait une place au poste d'auxiliaire comptable et que, si elle se préparait audit travail, il le lui accorderait ; elle était bonne travailleuse et il l'appréciait, il voulait lui donner une opportunité.

Le problème était dans le fait qu'elle n'atteignait pas la somme pour payer une école de comptabilité. Les quotas mensuels étaient de 100€. Elle savait que si elle utilisait l'argent de son compte bancaire, en peu de temps elle n'aurait plus rien. Car une fois que tu commences à retirer, tu n'arrêtes pas.

Elle est venue à ma rencontre pour que je lui enseigne l'intelligence émotionnelle et financière et pouvoir ainsi réussir à payer ses études. J'y ai consenti, enchanté. Après dix mois d'études méticuleuses, elle a acquis toutes les bases nécessaires pour entrer dans le monde de la finance.

Elle a investi 16.000€ dans un produit qui lui rapportait 9% à l'année. A l'année, cela équivaut à 1.440€ et divisé en 12 mois, 120€ au mois. Elle avait désormais de quoi se payer l'école. Après un an à étudier, elle a obtenu un certificat qui l'accréditait en tant qu'auxiliaire et a accédé au poste que lui offrait son chef. Grâce à son attitude en acier et à ses envies de dépassement, elle a réussi à s'en sortir et mène la vie de son choix.

Lorsque ton monde s'effondre complètement, il ne te reste que deux options : te résigner ou te battre. Lorsque tout allait bien pour elle, elle n'a pas eu besoin de gagner plus ni de changer de travail. Son mari gagnait bien, était libre les week-ends et pouvait rester avec leur fille. Après sa mort, elle a dû se réveiller. A présent, elle travaille 8 heures par jour, est libre les week-ends pour être avec sa fille et sa paie a augmenté. Elle a fait de son adversité une opportunité pour s'améliorer. Il aurait été plus facile de persister dans cette situation en se plaignant de ses malheurs et en rejetant la faute sur le mauvais sort, sur son chef pour ne pas avoir augmenté son salaire. Elle a consacré du temps, de l'argent et des efforts à sa préparation intellectuelle, émotionnelle et financière. Maintenant, elle savoure ce qu'elle a récolté. Elle a su faire d'une mauvaise situation, une bonne occasion.

Nous pouvons tous mener la vie que nous voulons, seulement nous ne sommes pas tous disposés à faire ce qui est requis.

Lorsque tu aimes travailler, peu importe le travail que tu as. Tu le feras toujours bien et avec envie.

Mais si tu ne veux pas investir, ça me semble parfait. Si tu ne vas pas te plaindre et si tu en assumes les conséquences, c'est une option tout à fait respectable et je me réjouis de ta décision. Vous êtes nombreux à le faire. Vous restez dans la commodité de votre vie, renonçant à celle que vous désirez par peur de fournir des efforts. Ensuite, vous vous déculpabilisez avec vous-mêmes en pensant : je le ferai plus tard, lorsque j'aurai du temps. Quand mon enfant sera plus grand, quand j'aurai moins de dépenses, quand je gagnerai plus, quand je partirai à la retraite, etc. Tout en sachant que ce n'est pas vrai, ce sont simplement des excuses.

Le meilleur dans tout cela, ce sont les conseils que vous donnez aux autres : vis à fond, car la vie se compte en jours. Ne repousse pas à demain ce que tu peux faire aujourd'hui et beaucoup d'autres, davantage pour le style.

Sais-tu ce qu'est l'IPC ?

- Evidemment ! c'est l'augmentation annuelle du coût de la vie.

- Laisse-moi-t'expliquer comment ta vie s'appauvrit d'année en année sans que tu t'en rendes compte. Cela fait sept ans que nous ne connaissons pas d'augmentation salariale, sans compter les réductions, toutefois, l'IPC ne cesse d'augmenter. Nous payons davantage pour notre logement, pour nos assurances, notre nourriture, nos transports, etc. Calcule l'augmentation du coût de ta vie annuellement et tu prendras peur.

- Ça n'est pas si grave, je le calcule maintenant : mes charges passives mensuelles plafonnent à 950€, si j'y ajoute l'IPC, qui cette année a été de 2%, elles me reviennent à 950x2% = 19€ par mois.

A la fin de l'année, ce sont 19€ multipliés par 12 qui font 228€. Alors si, c'est suffisant. Ça équivaut au quota annuel de l'assurance de mon véhicule.

- Lorsque tu vois cela, tu n'as pas envie d'investir, même si c'est seulement pour récupérer l'IPC ? Si tu redoutes beaucoup le risque, il existe beaucoup de produits sûrs.

Un conseil que je veux te donner : garde à ta disponibilité sur ton compte courant au moins 5 mois de charges passives. La raison est très simple. Si aujourd'hui-même tu te retrouves sans travail, tu auras au moins un certain temps pour en chercher un qui te plaise. Si tu n'as aucune économie, tu te contenteras du premier qui apparaîtra.

Jusqu'ici, j'ai parlé des investissements et de la raison pour laquelle on y recourt. Si tu vas investir, garde en tête que personne ne va te donner des euros contre des centimes. Précédemment, j'ai déjà mentionné les produits financiers qui offrent le meilleur rendement.

Ne cherche pas à investir dans des dépôts et obtenir la rentabilité des actions.

Si à quelque moment tu as un doute, emporte le contrat avec toi et remets-le à un professionnel du secteur pour qu'il t'assiste. Ne signe aucun contrat sans lire les petites écritures et s'il n'est pas clair pour toi, non plus. *Ne te précipite pas !*

Lorsque tu achètes un véhicule d'occasion, tu l'emportes chez le mécanicien en qui tu as confiance pour qu'il te donne son opinion, pas vrai ? Eh bien cela vaut pour n'importe quel investissement que tu fais.

Si tu achètes un logement, il vaut mieux qu'un professionnel du secteur t'accompagne et t'assiste quant à l'état de celui-ci et de l'immeuble. Nous avons tous un ami ou une connaissance qui se consacre à la construction.

Il vaut mieux payer une minute à un professionnel que te repentir toute ta vie pour un mauvais investissement.

Si tu vas hypothéquer, avant tout étudie le marché et renseigne-toi sur le prix moyen de la zone où tu veux acheter. Dès que tu le sauras, ton objectif sera d'obtenir 20% de réduction. Commence en offrant 40% de moins et à force de négocier, tu arriveras à tes 20%. Certainement au début, le vendeur/la vendeuse se sentira offensé(e) par ton offre mais il/elle s'habituera et voudra négocier. Il/elle veut vendre et toi, tu veux acheter.

Dans les affaires comme dans la vie, tu n'obtiendras que ce que tu ne demandes pas.

Pourquoi, lorsque tu vas au marché de ta ville ou de ton village, négocies-tu et pas dans le reste de tes achats ? Demande des réductions au supermarché, ou au moins demande s'il y en a. Procure-toi toutes les cartes de réduction que ces derniers t'offrent. Très souvent, lorsque tu achètes un appareil électroménager, celui-ci porte une réduction. Mais si tu ne la demandes pas, le vendeur/la vendeuse ne l'appliquera pas à ton produit. Ce conseil vaut pour n'importe quel achat que tu fais : avec ta compagnie d'assurances, ta compagnie téléphonique, avec les intérêts de tes investissements bancaires, avec tout ce qui est lié à l'argent. Surtout, ne te méprends pas, tu ne pries rien. Tu travailles simplement dans la dénommée loi de « l'offre et la demande ».

Dans cette première partie, j'ai parlé de la manière à employer pour vivre comme tu le souhaites, je vais à présent parler des apparences.

Vivre comme tu souhaiterais vivre en essayant de savourer ces plaisirs que tu n'as pas dans la vie. La différence extérieure entre les deux n'existe pas, mais à l'intérieur, il y a un gouffre.

Ce n'est pas la même chose d'arriver chez toi et de suivre la même routine que d'ôter ton masque et d'assumer tes frustrations. De la même manière, de penser sans cesse avec la possibilité d'être découvert.

Deuxième partie

Je mène la vie que je voudrais (les Apparences)

Sais-tu pour quoi et pourquoi on fait semblant ?

La réponse au « pour quoi » est très simple. On le fait pour obtenir une satisfaction. La réponse au « pourquoi » est déjà plus délicate.

Là entrent en jeu les frustrations, les peurs et les désirs insatisfaits. L'envie de les satisfaire, c'est la raison qui pousse à l'action.

Les apparences : le carnaval dure à peine quelques jours. S'il durait plus longtemps, il porterait préjudice à la société. Personne n'est celui qu'il dit être, c'est la raison de son existence. Durant quelques jours, tu peux t'évader de tes problèmes et vivre en étant qui tu souhaites être. Personne ne va te juger car ce sont des jours d'apparences. Le paraître est fréquemment une manière de chercher à se démarquer par le superficiel. On choisit un masque pour tromper les autres et, à la fin, on y croit nous-mêmes. On préfère être dans un état de *Paraître* plutôt que dans un état d'*Être*. Être suppose avoir.

Premièrement, pour être, il faut avoir : si tu as de la classe, tu seras élégant. Si tu as du charisme, tu seras empathique et agréable. Si tu as de l'argent, tu seras riche, pas le contraire. D'où les frustrations issues du paraître, elles sont vides de contenu, tout n'est que façade.

C'est la nécessité d'appartenir à un groupe ou un stéréotype pour nouer ou maintenir des relations entre les personnes. Se priver de ces relations peut être une cause de graves bouleversements psychologiques. Le problème est que ce n'est pas réel mais imaginaire. C'est une nécessité imposée par soi-même et comme telle, elle n'a pas d'issue. Pour n'importe quel besoin basique, l'organisme, une fois le besoin rempli, se relâche et poursuit son travail.

Issue: mécanisme pour pouvoir te défouler. Imagine que tu es dans les embouteillages et que tu arrives en retard au travail, tu deviens furieux et tu klaxonnes, eh bien le fait de klaxonner te détend. C'est ton issue. Nous entrerions bien ici dans l'acquisition de techniques de relaxation pour ne pas klaxonner et te détendre d'une autre manière.

N'importe quel besoin basique qui nous apparaît dispose de cette voie d'issue.

D'où l'importance de les satisfaire. Si on les néglige, l'organisme tombe malade.L'angoisse et la dépression apparaissent.

Le vrai problème dans le fait de paraître ce que nous ne sommes pas est qu'il arrive un moment où l'organisme y croit et transforme les déficiences de ce besoin en même symptômes que les vrais. Si la personne malade ne les dissimule pas la plupart du temps par angoisse, elle le fait par peur d'être découverte et d'être réellement comme elle est.

Stéréotypes : images qui, dans notre esprit, reflètent nos tendances à penser que les personnes ou choses appartenant à la même catégorie partagent des caractéristiques similaires. Lorsque nous voulons juger quelqu'un ou lorsque nous essayons de tirer des informations d'un simple regard, nous utilisons les stéréotypes. Ils nous rendent la vie plus simple et facilitent notre réalité, rendant possible l'interaction. Généralement, elle est erronée car on tend à mettre tout le monde dans le même sac, nous classifions les gens dans un groupe que nous avons en tête.

Personne à costume : voilà ce qui nous vient à l'esprit : banquier, entrepreneur, avocat mais jamais boucher, maçon ou répartisseur. Au lieu de demander, nous supposons. Nous croyons que nous pensons tous pareil. Par exemple, je crois que si je sors en costume je me vois comme un banquier et les autres penseront comme moi. C'est pourquoi, si je veux que l'on me voie comme un banquier, je sortirai en costume. C'est là que commencent les problèmes, l'erreur de nos croyances « *autant rationnelles qu'irrationnelles* ».

Un autre mal-être lié aux suppositions : lorsque nous rendons une faveur à quelqu'un mais qu'il ne nous la retourne pas. Nous supposons qu'il nous la retournera par le simple fait que nous, nous le ferions. Mais il n'y a aucune raison à ce que ça se passe ainsi, les faveurs sont rendues par plaisir. Si tu ne vas pas en profiter, ça n'est pas une faveur, c'est une obligation. C'est pourquoi, pour l'autre personne, te retourner la faveur peut être une obligation et c'est pour cela qu'elle ne le fait pas. Si tu souhaites qu'on te la retourne, demande-le.

Vivre d'apparences, c'est ne pas vivre ta propre vie.

Cela se manifeste pour deux raisons :

1. Pour atteindre un objectif limité dans le temps, comme peuvent l'être un travail ou une relation.
2. Comme style de vie parce qu'on se sent frustré.

Dans ton entourage, tu connais certainement quelqu'un, ou tu es toi-même l'un d'eux.

Je ne te connais pas cher lecteur, chère lectrice. Si c'est ton cas et si tu veux changer, tu as de la chance. Je te laisse quelques lignes de conduite afin que tu comprennes pourquoi tu le fais et pour que tu puisses ainsi changer si tu le souhaites.

Dans la première raison, la motivation qui pousse à agir c'est atteindre l'objectif souhaité, c'est le plus commun parmi nous. Impressionner nos futurs chefs pour qu'ils nous engagent ou cette personne qui nous plaît. Une fois atteint, nous nous relâchons et nous nous montrons tels que nous sommes réellement ; il n'y a pas d'intérêt à continuer la farce.

La seconde raison est déjà préjudiciable. Il n'y a rien de mieux que d'être entourés de personnes avec qui nous pouvons être nous-mêmes. Nous montrer comme nous sommes réellement et qu'ils nous acceptent sans conditions. Etre ce que nous ne sommes pas et plaire à certaines personnes, c'est vivre pour elles. Nous aurons beau tromper les gens, nous ne pouvons pas nous tromper nous-mêmes et l'incommodité intérieure apparaîtra malgré tous les efforts des autres pour nous accepter. Nous sommes là pour être heureux, non pour plaire aux autres.

Ce qui importe réellement est de savoir que personne n'est meilleur que nous, quels que soient sa chance ou son travail. Chacun de nous est une valeur ajoutée à la société. L'importance que tu pourrais accorder à n'importe quel objet ou situation, émotionnelle ou matérielle, va dépendre toujours du moment, de la situation et du lieu où tu te trouves. Dans la vie, rien n'est fixe, tout est en changement.

La base du bonheur, c'est faire ce que tu veux. Par conséquent, si tu en as l'air, tu devrais être heureux. On suppose que tu agis par plaisir, que tu fais ce que tu veux. Ce n'est malheureusement pas toujours ainsi, parfois c'est par envie. C'est la pire chose car tu entres dans un monde plein de frustrations.

Mais il s'agit d'une envie anti naturelle, tu envies une forme de vie sociale, pas une personne concrète. Nous éprouvons tous de l'envie à un moment de notre vie, mais, en fait, elle est bonne dans une juste mesure. Elle nous sert de motivation pour atteindre la même chose que celle que le voisin a mais sans la lui ôter ni le mépriser. Ça nous poussera à penser « que puis-je faire pour arriver où lui est arrivé ? ».

Dans le cas de la personne qui paraît, c'est plus délicat ; elle envie un stéréotype, ce qui, déjà, est une chose subjective. Etre millionnaire ne signifie pas la même chose pour tous, ni être célèbre, écrivain reconnu, footballeur, homme d'affaires prospère ou acteur. Pire encore, nous connaissons tous des gens aisés et humbles et ils ne vont pas quelque part en montrant leur potentiel économique. C'est maintenant dans cet aspect qu'entrent en jeu les dénommées idées irrationnelles : tout devrait être ainsi, je dois me rendre à une fête même si je ne le veux pas, je ne peux pas changer d'avis même si j'en ai envie, tous doivent m'aimer, les gens doivent faire confiance aux plus forts, il faut faire attention à notre prochain, tu vaux ce que tu as, les gens t'aiment par intérêt, etc. Ce sont des idées sans base rationnelle, elles prennent appui sur des croyances que nous avons depuis tout-petits et nous nous accrochons à elles pour prédire les faits. Des idées sont associées à des faits.

Exemple : le téléphone sonne à une heure avancée du petit matin et tout de suite, une tragédie te vient à l'esprit.

Pour poursuivre avec les apparences, le « je » réel entre en conflit avec le « je » idéal. C'est la différence entre ce que nous sommes et ce que nous aimerions être. Plus grande sera la distance entre les deux, plus on voudra paraître.

« Je » réel : comme nous nous voyons nous-mêmes. Notre propre perception. Nous nous arrêtons surtout sur les carences que nous avons mais en rien sur nos vertus, celles-ci nous les laissons aux autres.

« Je » idéal : inclut toutes nos aspirations : être riche, célèbre, grand(e), petit(e), beau/belle, athlétique, musclé(e), intelligent(e), plein(e) de succès, etc…

Je suis riche donc je suis beau/belle et on m'aimera comme tel(le). Je suis célèbre et j'apparaîtrai dans les moyens de communication et je deviendrai millionnaire. La peur de ne pas plaire aux autres ou qu'ils me rejettent fait que je me comporte d'une manière différente de ma manière d'être en réalité. Je crois que si je me comporte comme les autres attendent que je me comporte, je plairai davantage, je serai plus populaire, j'obtiendrai plus de choses, etc.

Cela démontre un degré assez élevé de superficialité, de manque d'identité et d'estime de soi. C'est un profond signe d'insatisfaction par rapport à nous-mêmes, ce qui implique une perte de notre propre identité. Tu ignores qui tu es et ce que tu veux dans la vie. C'est une distorsion de la réalité. Ce que tu veux qu'elle soit est une chose ; ce qu'elle est réellement en est une autre.

Ce n'est pas parce que tu es riche que tu seras beau/belle ni sympathique, mais si c'est ta réalité, c'est ce que tu rechercheras. Cette personne éprouve un grand sentiment d'infériorité et a une estime de soi vraiment basse. Elle fait son autocritique constamment et, de même, est envieuse, avare et paresseuse.

Elle est envieuse car elle convoite la vie des autres et se sent malheureuse avec sa propre vie, elle ne valorise pas ce qu'elle a. Cette personne est avaricieuse parce qu'elle se sent vide et doit combler cet espace ; dans son désir de mener ce type de vie, elle accumule de nombreuses dettes. Elle est paresseuse car elle veut mener la vie des autres mais sans l'effort que cela suppose, elle veut un autre type de vie qui ne soit pas le sien car elle a peu d'estime de soi et croit ainsi qu'elle sera heureuse, sans se rendre compte qu'on porte le bonheur à l'intérieur de nous-mêmes. Le stéréotype qu'elle s'est créé est son idéal de vie.

Faible estime de soi : se sent seule ou rejetée et s'invente un personnage social avec ces caractéristiques qu'elle convoite, croyant qu'elle ne va pas être rejetée. Voyant le succès de cette personne, elle croit que, si elle lui est identique, elle aussi va attirer la fortune et le bien-être que la première attire. Elle veut, de manière forcée, appartenir à un groupe déterminé, faisant tout ce qui est possible pour ressembler à ses membres afin d'être acceptée. Dans certaines occasions, la personne envieuse jouit même d'un statut social plus élevé que la personne enviée, ou de plus de possessions matérielles. Avec ceci, il a été démontré que les flatteries reçues comme les possessions matérielles ne servent à rien si l'on n'a pas une bonne estime de soi.

Je te laisse quelques lignes de conduite pour la rebooster :

- Ne te compare à personne (tu n'es ni meilleur, ni moins bon).

- Rappelle-toi des moments heureux de ton quotidien.

- Fais de l'exercice (3 à 5 fois par semaine)

- Ne prends rien personnellement, tu n'es pas si important. Avance tout droit et d'un pas ferme et lorsque tu serreras la main de quelqu'un, fais-le avec contondance, « *fort et court* ».

Le fait d'avancer fermement et de serrer la main vigoureusement démontre un esprit de confiance, c'est pourquoi tu reflètes de la confiance en toi. Les gens voient ce que tu reflètes. Si tu fais preuve de peu d'estime de toi, essaie ces lignes de conduite pendant 21 jours et je t'assure qu'elle augmentera. Maintenant, ne t'arrête pas après une semaine en disant qu'elles ne fonctionnent pas. Ce serait comme dire que tu étudies une langue étrangère alors qu'au bout d'une semaine tu abandonnes car tu ne la parles pas.

Au bout de 21 jours, tu construis une habitude et au bout de 3 mois, une coutume. (Ta nouvelle manière de penser et percevoir les événements journaliers).

Le bonheur ne peut pas être atteint avec ce que tu possèdes sinon en tirant profit de ce que tu possèdes.

Tu auras beau accumuler les objets, si tu n'en profites ils ne servent à rien. Dépense davantage d'argent en expériences émotionnelles et moins en objets matériels. Avec le temps, les objets perdent de la valeur. Les expériences émotionnelles, en revanche, en gagnent (pense à ton enfance, qu'elle ait été bonne ou mauvaise). Tu crées ta personnalité avec ces dernières. N'oublie pas que tu es ce que tu vis progressivement dans le temps présent.

De quoi veux-tu souffrir, de la dépression, de l'angoisse ou d'aucune des deux ?

C'est comme le maçon qui va travailler en costume, s'imaginant que lorsqu'on le verra passer dans le quartier, on pensera de lui que c'est un gars classe. Quand, en réalité, on porte la classe en nous. Par la même occasion, de nombreuses personnes qui sortent en costume voudraient sortir sans lui, mais, de par la fonction qu'ils exercent, ils doivent le porter. A aucun moment ils ne pensent que cela fait d'eux des personnes classes, ni ne se l'imaginent. C'est le stéréotype qu'a la personne qui paraît.

Avant de paraître, demande-toi, que veux-tu obtenir ? :

- Sa fortune

- Sa renommée

- Ses liens d'amitié

- Sa classe

Mais surtout, demande-toi : pour quoi ?

Le bonheur de la personne ou du stéréotype que tu tentes d'imiter est en elle/lui et se reflète à l'extérieur, non à l'inverse.

Pour te sentir bien avec toi-même, tu as besoin qu'on te considère, qu'on te prête attention et qu'on te soutienne. Le sentiment d'infériorité et de solitude est tel que si tu ne le combles pas en faisant semblant, tu ne le supportes pas. C'est comme l'enfant qui se déguise en Superman, pensant ainsi qu'il sera invincible et attirera toutes les filles. Pendant un temps, il se sent génial. Cela arrive à la personne qui est dans le paraître. Tant que la farce dure, elle se sent bien avec elle-même, elle croit que les autres la voient comme elle se voit elle-même. Je partage avec toi l'exemple du politicien pour que tu le comprennes mieux :

Le politicien : deux amis se présentent aux élections régionales. Pour l'un, être politicien c'est voler, mentir et placer ses amis à des postes importants. Pour l'autre, c'est gouverner pour le peuple afin qu'il vive dans un bien-être profitable. Cela dépendra de celui qui gagnera les élections mais le peuple avancera dans une direction ou dans l'autre.

C'est aussi ce qu'il se passe avec les forces de l'ordre ; tu trouveras des agents très sympathiques et agréables, cependant, d'autres fois ils seront antipathiques, pleins de superbe et prépotents. De même, pour certains, être agent signifie se comporter courtoisement avec les citoyens et les aider autant que possible. Pour d'autres, en revanche, cela signifie les réprimer et les humilier.

Ils ne le font pas par méchanceté ni consciemment, car ensuite, ils sortent dans la rue sans leur uniforme et sont des citoyens exemplaires ; c'est leur conception du rôle. Ils ne se concentrent que sur la façade, l'extérieur. Ils partagent la croyance que tout le reste vient seul, comme un aimant. L'agent qui se comporte dignement croit que les personnes, si elles sont bien traitées, lui répondront de la même manière ; et il se met à leur place. Lui aussi aime qu'on le traite correctement.

Celui qui a un comportement répressif et humiliant croit que c'est la seule façon de se faire respecter. Lorsqu'on interagit avec lui, il ne sait répondre qu'en dictant des ordres. Très souvent, il a un profil de personne soumise, obéissante et il ne sait pas dire non car il se voit incapable de défier quelqu'un. En conséquence de quoi, il déplace son hostilité envers les autres, se croyant supérieur à eux. C'est une personne qui n'a aucune assurance et cela s'accroît avec le rôle de l'autorité. Cet exemple peut être extrapolé à n'importe quelle figure de pouvoir, on valorise davantage le sens du stéréotype que la personne.

Il observe et voit que les autres gens sont heureux en menant cette vie mais il ne s'intéresse pas à savoir comment ils ont fait pour en arriver jusque-là et atteindre ce résultat. A certaines occasions oui, il le sait, mais il ne veut pas faire les efforts nécessaires pour l'atteindre. Pour être riche et préserver sa fortune ou l'augmenter, il faut comprendre l'économie et les investissements. S'il ne copie que la façade, le jour où il aura à parler d'un sujet qui leur est lié, on va le démasquer.

Il cherche le chemin le plus rapide vers le succès et cela comporte un vice émotionnel destructeur. La dépression et l'angoisse sont intimement liées avec le « je veux mais je ne peux pas ». Prendre des raccourcis n'est pas toujours bon et moins encore dans l'acquisition d'une culture.

La gloire est un cumul d'heures bien investies.

Les stéréotypes sont différents dans chaque pays et dans chaque culture. Un exemple très clair :

Le jeune de 20 ans et sa voiture de sport : imagine-toi qu'il va parcourir le monde avec sa voiture et que tu le rencontres dans n'importe quelle ville européenne, tu croiras que c'est un fils à papa ou un jeune entrepreneur.

En revanche, si tu le rencontres dans n'importe quelle ville latino-américaine, tu penseras que c'est un narcotrafiquant. Tu le traiteras d'une manière différente selon le lieu où tu te trouves mais lui se comportera de la même manière avec toi. Nous nous comportons comme on nous traite, nous sommes notre propre reflet, nous agissons selon nos croyances.

Fais l'essai : aujourd'hui, quand tu sortiras dans la rue et que tu croiseras des gens, ne les salue pas, ne souris pas. Curieusement, ils ne vont pas te sourire ni te saluer non plus. Tu reflètes ton mal-être dans ton comportement ; lorsque quelqu'un t'agresse ou te sourit, il le fait selon son état émotionnel. Aussi, ça ne devrait pas t'affecter le moins du monde. C'est son problème s'il passe une mauvaise journée.

Si tu veux que l'on te sourie et que l'on soit aimable avec toi, fais-en de même avec les autres. Projette du bonheur, de l'harmonie et de la joie. Mais ne m'interprète pas mal, si l'on t'agresse, défends-toi.

Concernant ce que je viens de dire, c'est-à-dire qu'une fois que tu te seras défendu, retourne à ton état précédent de tranquillité, ne permets pas à la mauvaise humeur d'une autre personne de ruiner ta paix intérieure et encore moins ta journée.

En ce qui concerne le fait d'être jeune et d'avoir une voiture de sport, il a été démontré que ce n'est pas la même chose pour toi : certains voudront se voir comme le narcotrafiquant le plus puissant de la ville et d'autres, comme le plus riche.

Il me vient à l'esprit un garçon que j'ai connu à New-York. Je suis allé à un séminaire en économie à Wall Street et nous nous sommes rencontrés dans la cafétéria d'en face. Le garçon avait gagné un voyage de cinq jours tous frais payés.

Le voisin envieux : ce garçon travaillait au garage de son beau-frère, il se chargeait de changer les roues et il gagnait bien sa vie, mais il enviait son voisin qui était toujours vêtu des derniers costumes à la mode, qui conduisait une Porsche et mangeait toujours dehors. Au lieu de lui demander à quoi il se consacrait pour pouvoir mener ce train de vie, il a commencé à le copier.

Il s'est endetté pour une voiture de sport et il a porté ses cartes de crédit à leur limite, mangeant dans des restaurants de luxe et fréquentant les mêmes établissements que le premier. Un jour, ils se sont rencontrés dans un établissement de nuit et ont entamé la conversation. Le voisin riche lui a demandé à quoi il se consacrait et l'autre a répondu qu'il était mécanicien. Surpris, il lui répond :

- Waouh ! tu dois gagner très bien ta vie pour avoir une voiture de sport.

- Oui, en vérité je suis le propriétaire et je ne peux pas m'en plaindre. Et toi, à quoi te consacres-tu ?

- A rien, je ne travaille pas, mes parents possèdent des affaires et nous vivons de rentes. Je passe la journée ici et là. Je me réjouis énormément pour ton affaire et j'espère que tout continuera à aller aussi bien que jusqu'à présent pour toi. Il lui répond à nouveau pendant qu'il monte dans sa Porsche flambante neuve.

S'il avait demandé au lieu de copier, il ne serait pas endetté pour avoir menti et mené une vie qu'il ne peut se permettre de mener.

Mon ami, demande et ne copie pas. Lorsque tu envieras quelqu'un, il vaut mieux éprouver de la honte quelques secondes pour avoir demandé plutôt qu'un mal-être de plusieurs jours pour ne pas l'avoir fait. Dans le cas de ce garçon, il pensait qu'en feignant d'être un jeune entrepreneur, il allait attirer davantage, être mieux vu par le reste de la communauté et être accepté dans le cercle d'amis du voisin. Il se sentait seul et avait besoin de compagnie comme à l'extérieur. Il pensait que ses voisins le méprisaient car il rentre chaque jour à la maison la tête et les mains tachées de graisse. Il se sentait inférieur à eux sans aucune raison réelle. Il était complexé et avait une faible estime de lui, il se dévalorisait. Il sentait qu'il était inférieur aux autres et pensait qu'il était incapable de faire quelque chose en étant lui-même. Au garage, ses collègues le critiquaient pour son extrême maladresse. Son travail, il le gardait par besoin, il ne lui plaisait pas ni ne lui apportait la vie désirée. Quand il a terminé ses études, ç'a été le premier qu'il a trouvé. D'où l'importance de faire ce qui te plaît.

Avec son attitude de paraître, il a obtenu tout le contraire, la communauté se demandait s'il avait gagné au loto ou quelque chose de ce genre. On ne comprenait pas comment un salaire de changeur de roues pouvait mener à un tel rythme de vie. Mais le meilleur dans l'histoire, c'est que ses voisins le respectaient beaucoup, même en rentrant plein de graisse, il ne salissait ni les murs ni l'ascenseur. Pour le remercier du détail -ne pas salir l'immeuble-, ils allaient lui préparer une fête surprise pour son prochain anniversaire.

Comme je l'ai déjà mentionné plus haut : nous supposons au lieu de demander.

Si tu envies ton collègue de travail, demande-lui comment il a fait pour parvenir à occuper ce fabuleux poste que tu aimerais tant occuper. Peut-être que sa réponse ne te satisfera pas beaucoup.

Il a pu y parvenir par des façons de faire qui ne te plaisent pas à toi. Tu as des valeurs et des principes, ne les abandonne pour rien au monde. Il a pu également y parvenir en étudiant après le travail. Pendant que toi tu vas au bar ou au gymnase, lui il reste étudier chez lui ou dans une académie. Si tu te mets à y penser et si tu lui demandes comment il y est parvenu, ça ne te demandera peut-être pas, à toi, autant d'efforts et de sacrifices. Ce qui est certain, ça oui, c'est que le sentiment d'envie s'évanouira, car tu sauras désormais quoi faire pour occuper ce poste.

A moins que tu ne sois de ceux qui veulent la récompense sans investir les efforts nécessaires, alors tu es condamné à la frustration et au mal-être généralisé. Rien ne va satisfaire ta soif de posséder ce que tu ne peux pas avoir.

L'envieux ne sait pas ce qu'il veut jusqu'à ce qu'il le voie chez un autre.

Concernant ton comportement envers les autres, je t'expose un effet très intéressant capable de conditionner ta manière d'agir. Il est nommé :

Prophétie autoréalisatrice ou effet Pygmalion : elle se produit lorsque les personnes soutiennent des attentes à ton égard et que tu altères ta conduite et ton comportement en accord avec lesdites attentes.

Je te l'explique d'une autre manière pour que tu comprennes mieux : tu es en classe et le professeur traite toujours les deux ou trois du fond d'inutiles et de maladroits. Ces élèves finiront par se comporter comme tel pour faire plaisir au professeur. Ils prendront le rôle d'inutiles et de maladroits.

Avec cet exemple, je veux que tu comprennes que si tes parents ou tes amis t'ont toujours traité comme le clown et la personne bête ou, au contraire, comme le plus malin et le plus sûr de soi-même, chaque fois que tu les verras, tu te comporteras de telle manière devant eux.

Ce qui est préjudiciable avec ce comportement, c'est qu'il peut se généraliser à toute situation. Tu te comporteras selon ce que les autres attendent de toi.

Pour que ça te paraisse plus clair, **je te raconte le cas de Lucía** : c'est une femme de 57 ans, mature et droite. Elle a 3 enfants et est heureuse dans son mariage. Elle est propriétaire d'un cabinet à Alicante. Nous nous sommes connus à Lisbonne, dans une cafétéria proche de la tour de Belém. Son cas était un peu particulier. Chaque fois qu'elle apprenait le malheur d'un ami, elle fondait en larmes. Elle passait deux ou trois jours avec un mal-être terrible, des maux de tête et de l'angoisse. En parlant avec elle, je me suis rendu compte que son comportement était dû au fait qu'elle pleurait parce qu'elle pensait que c'était la chose correcte. Elle croyait que c'était ce que les autres attendaient d'elle. Qu'elle se sente mal durant quelques jours. Notre esprit est si puissant qu'il peut créer des maladies à partir du néant ; il suffit de croire que tu es malade et tu peux tomber malade.

Eh bien lorsqu'elle avait 5 ans, Lucía a perdu son grand frère. Elle a à peine pleuré, elle était vraiment petite pour se rendre compte de ce qui était arrivé. Sa mère, qui était très sensible, ne comprenait pas le comportement de sa fille et lui a inculqué que lorsque quelqu'un meurt ou se sent mal, la chose normale est de s'attrister à en tomber malade et de pleurer pour eux.

Les circonstances de la vie ont fait qu'en moins de 4 ans, elle a perdu trois amis de la famille. Obéissant à sa mère, elle a pris l'habitude de tomber malade et de le vivre mal lorsque des malheurs surviennent.

Avec le temps, elle l'a peu à peu généralisée, même en lisant la presse ou en regardant les informations : être peinée à en tomber malade.

Cela étant pris en compte, si tu retrouves des gens positifs et heureux, ils vont t'apprécier pour ce que tu es et te motiveront dans tout ce que tu entreprendras. Comme ils vont avoir de bonnes attentes à ton égard, tu donneras, sans t'en rendre compte, le meilleur de ce que tu peux donner. Dans cet environnement si accueillant et motivant, tu feras plus d'efforts que la normale parce qu'eux t'y inciteront. Quel que soit l'objectif que tu te fixes, il est beaucoup plus facile à atteindre, d'où l'importance de ce dernier.

Si, à l'école ou au travail, on te harcèle (Bullying), mais en dehors tu as des émotions positives et tu te sens apprécié(e) et protégé(e) par les autres, ce sera comme un matelas, le coup sera amorti. Tu remarqueras que l'on t'a frappé mais ça n'affectera pas le moins du monde ta conduite. Chaque fois que tu retourneras à l'école ou au travail, tu le feras avec une nouvelle énergie et sûr(e) de toi-même.

Maintenant que tu as bien fini de lire mon livre, tu te seras rendu compte de l'importance d'avoir des actifs. Il faut toujours avoir, en plus de ta paie, d'autres sources de revenus.

Ton argent doit travailler pour toi !

En ce qui concerne les apparences, si tu connais quelqu'un comme cela ou si tu es toi-même l'un d'eux, tu connais déjà les raisons de ce comportement. Si tu ne sais pas qui tu es, tu ne sauras pas quoi faire. Tu avanceras sans but fixe : aujourd'hui tu imites untel et demain un autre et tu ne seras jamais satisfait ni rassasié.

Tu veux ce que tu convoites mais tu ne veux pas t'efforcer pour l'obtenir.

Note de l'auteur : une faible estime de soi est destructrice et altère la perception de la réalité. D'où l'importance de te gâter, de t'accorder des caprices et de te rappeler tous les jours les bonnes choses qui surviennent.

www.ingramcontent.com/pod-product-compliance
Lightning Source LLC
Chambersburg PA
CBHW050544280326
41933CB00011B/1712